Arrigo Boito, Luigi Mancinelli

Ero E Leandro

Hero and Leander - an opera in three acts

Arrigo Boito, Luigi Mancinelli

Ero E Leandro
Hero and Leander - an opera in three acts

ISBN/EAN: 9783337194260

Printed in Europe, USA, Canada, Australia, Japan

Cover: Foto ©Thomas Meinert / pixelio.de

More available books at **www.hansebooks.com**

NORWICH FESTIVAL, OCTOBER, 1896.

A LUISA

ERO E LEANDRO

(HERO AND LEANDER)

AN OPERA, IN THREE ACTS

WORDS BY TOBIA GORRIO

MUSIC BY

LUIGI MANCINELLI.

TRANSLATED BY MOWBRAY MARRAS.

PRICE FIVE SHILLINGS.

LONDON & NEW YORK
NOVELLO, EWER AND CO.

PERSONAGGI.

ERO, sacerdotessa di Venere.

LEANDRO d'Abìdo.

ARIOFARNE, arconte di Tracia e Re dei sacrifici.

CORISTI E CORIFEI.

Sacerdotesse, Sacerdoti. Marinai, Pugili.

ATTO I. Il Tempio di Venere.

ATTO II. L'Afrodisio.

ATTO III. La Torre della Vergine.

*La tragedia ha luogo a SESTOS
città marinara della Tracia in riva all' Ellesponto.*

Tempi eroici.

CANTO la storia di Leandro e d' Ero.
  Su cui son tanti secoli passati,
Amorosa così, che nel pensiero
Ritornerà de' tempi ancor non nati,
Eterna come il duol, come il mistero
D'amore che ne fa mesti e beati,
E poësia, tenero fiore
Che, irrorato di lagrime, non moure.

Canto i cuori innamorati, canto
Per gli occhi vaghi e per le guancie smorte,
Per chi ch' hanno sorriso e ch' hanno pianto
Nell'ora di vita ardente e forte.
L'antico amor ch' io narro fu cotanto
Che sfidò il mare, i fulmini e la morte.
Udite il caso lagrimoso e fero.
Canto la storia di Leandro e d' Ero.

CHARACTERS.

HERO, Priestess of Venus.

LEANDER of Abydos.

ARIOPHARNES, Archon of Thrace and High Priest of the Sacrifices.

CHORUS AND BALLET.

Priestesses, Priests, Sailors. and Athletes.

ACT I. The Temple of Venus.

ACT II. The Aphrodisium.

ACT III. The Maiden's Tower.

*The action takes place at Sestos, a town of Thrace,
on the shore of the Hellespont.*

Period: The Heroic Times.

OF Hero's and Leander's fate I sing,
  O'er whom so many centuries have rolled,
So passionate the story, that in thought
It will return to ages yet unborn:
Like sorrow 'tis eternal, like the spell
Of love that yields us wondrous joy or grief,
The flower of poetry, the tender flower
That, watered with our tears, shall never die.

I sing for truly loving hearts, I sing
For wistful eyes and pallor-haunted cheeks,
For those who by their smiles and by their tears
Fulfill'd the strong and burning hours of life.
So great the olden love that I recall,
It braved the sea, the thunder, even death.
Oh! hear the tearful tragedy I tell.
Of Hero's and Leander's fate I sing.

ERO E LEANDRO.

## ATTO PRIMO.	## ACT I.

IL TEMPIO DI VENERE.

Nel fondo un lato del portico annesso al tempio di Venere, a sinistra la facciata del pronao. La scena è a cielo scoperto. Mirti, cipressi, platani, oleandri verdeggiano davanti alle colonne e da tutti i punti della scena. Nel mezzo la statua di Venere, a destra la statua d'Apollo. La porta del pronao è aperta, vi sarà un' ara ardente sulla soglia. Nel fondo, attraverso un intercolonnio del portico e dove le fronde si diradano, si vedrà un lembo di mare tranquillo e d' orizzonte; la stella Venere brillerà sul mare. Ricorrono le afrodisie, feste della Dea. All' alzarsi della tela il Coro è in parte chino, in parte prostrato verso la porta del tempio adorando. Sulla soglia del tempio sono disposte delle ghirlande, delle offerte votive, dei calici d' oro, delle conchiglie dei rami di mirto; tre tempieri ed un neocoro staranno sulla porta del pronao ad alimentare il fumo dell' incenso.— Luce d' alba.

THE TEMPLE OF VENUS.

[At the back, one side of the portico of the Temple of Venus, to the left the façade of the vestibule of the temple. The scene is under an open sky. Myrtles, cypresses, plane-trees, and oleanders adorn the space in front of the columns and various parts of the stage. The statue of Venus, c., and the statue of Apollo, v. The gate of the court before the temple is open, and on the threshold is an altar on which incense is burning. At the back, between the columns of the portico and in the intervals between the trees, there is a view of the calm sea and of the horizon beyond. It is the time of the Aphrodisia— festivals of the goddess. As the curtain rises some of the Chorus are bending low, others are prostrate in adoration before the gate of the temple. On the threshold are wreaths, votive offerings, golden chalices, shells, and myrtle branches. Three guardians of the temple and an attendant stand at the gate of the vestibule to replenish the incense. Day dawns.

SCENA PRIMA.

CORO DI SACERDOTESSE E MARINAI.

SACERDOTESSE.	Venere Urania !
MARINAI.	Venere Marinai !
SACERDOTESSE.	Ciprigna !
MARINAI.	Citerèa !
SACERDOTESSE.	Afrodite !
MARINAI.	Astartèa !
SACERDOTESSE.	Stella !
MARINAI.	Regina !

TUTTI.
Dea !

L' inno s' innalzi per le vie dell' etra
Col fumo della mirra e dell' incenso,
Col suon che vibra dall' eterna cetra
Dell' orbe immenso,
E colle visïonie
Dell' estasi e col vol
De' fatidici alcioni,
E coll' aurora fulgida del sol.

L' inno s' innalzi per l' etra serena,
Astro di suoni dall' amor sospinto.
Spiri l' eolio flauto e l' avena
Di Berecinto e l' ondeggiante mare
Palpiti come un cuor.
L' anfore, l' arpe, l' are
Di mirto si ghirlandino e di fior.

SCENE I.

CHORUS OF PRIESTESSES AND SAILORS.

PRIESTESSES.	Venus Urania !
SAILORS.	Venus the Foam-born !
PRIESTESSES.	O Cypria !
SAILORS.	Cytherea !
PRIESTESSES.	Aphrodite !
SAILORS.	Fair Astarte !
PRIESTESSES.	Star !
SAILORS.	And queenly !

' ALL THE CHORUS.
Goddess !

Raise we our voices through the ambient ether,
With clouds of myrrh and incense upward floating,
With sounds that come from all nature's music,
Great joy denoting.
And with ecstatic visions,
And with the happy flight
Of halcyon, bird prophetic,
Amid the sundawn's majesty and might.

Raise we our voices through the azure ether
Star of sweet music that by love's created
From harps Æolian softly has vibrated
And pipes Pandean, and let the flowing brine
Throb like a mighty heart.
Goblets, harps, and altars
With myrtle-buds and rosy wreaths entwine.

I versi fra parentesi non vennero musicati.

The passages of the Italian text enclosed within brackets have not been set to music and have consequently been omitted in the English translation.

SACERDOTESSE.

" Te bëata cantiam, trionfatrice
De' Numi e de' mortali ! a noi tu gunta
Dalla tua sfera ridente e felice,
O Dea beata ! "

MARINAI.

" Le labbra d' amorosa aura cocenti
Ai baci arguti e alle blandizie incita,
Ingentilisci i giorni oscuri e lenti
Di nostra vita."

TUTTI.

" Scendi, Venere, scendi infin che lude
La moribonda voluttà del canto.
Delle tue forme sfolgoranti e nude
 Svela l' incanto,
E per le azzurre linfe
E per l' azzurro ciel
Vengan teco le ninfe,
L' Amor, le Grazie dal fluente vel."
   [La scena si sarà rischiarata.

PRIESTESSES.

Thee, blest Venus, we praise, triumphant ever
O'er gods and over mortals! From thy bright
 sphere
Look down on thy humble votaries here !
 O goddess enchanting !

SAILORS.

Waft us thy breezes amorous and tender,
That kindle lips with fragrant soft embraces,
And gladden life's dull hours, and so render
 Joy to all faces.

CHORUS.

Come then, Venus, come revive within us
The fainting ecstasy of song and gladness.
Show all the beauty of thy form refulgent
 That charms to madness.
Then through the azure ether
And from the azure sky
Come thy nymphs gladly with thee,
While Love and the Graces with thy veil are nigh.
   [The stage becomes lighter.

SCENA SECONDA.

[Fanfara sacra.—Entra Ariofarne; lo seguono Ero con
alcune sacerdotesse, Leandro coi pugili, vestito
all' asiatica.—Tutto il coro si prostra ad Ariofarne
che s' arresta davanti alla statua della Dea,
imponendo silenzio alla fanfara.

ARIOFARNE, ERO, LEANDRO, MARINAI.
SACERDOTESSE.

ARIOFARNE.

Cessin gli squilli ed alle sacre trombe
Sacro segua il silenzio. Si ridesta
Già l' alba in ciel, e l' ultim' alba è questa
Che l' annuo rito celebrar c' incombe.
   [A un sacerdote.
Porgi il calice d' oro e fino al margo
Lo colma di Lièo.   [Ad Ero.
   Tu il mirto appronta.
   [Alzando il calice e il mirto.
La regina di Gnido e d' Amatonta
Propizia sia mentre l' offerta spargo.
   [Sparge il vino sull' ara.
Spargo, o Dea, d' eletto vino
 L' ara e i marmi
E il cratere augusto inclino
 Sull' altar.
Fra i libami, i fiori, i carmi
 Col divino
Riso, Venere, a bearmi
 Vien dal mar.

Fa che s' orni del tuo raggio
 La mia fronte ;
Fa che splenda in me il miraggio
 Dell' amor.
Così in vetta all' aspro monte
 Fra il selvaggio
Dumo, nasce il fonte,
 Sbuccia il fior.

SCENE II.

[Flourish of trumpets.—Enter Ariopharnes ; followed by
Hero and Priestesses, and by Leander in Asiatic
garb accompanied by Athletes.—The chorus fall
prostrate.—Ariopharnes stops before the statue of
the Goddess, and bids the fanfare cease.

ARIOPHARNES, HERO, LEANDER,
SAILORS, PRIESTESSES.

ARIOPHARNES.

Silence the trumpets, and to the sacred clamour
Let silent worship follow. Dawn already
Awakes on high, and this dawn is the last one
That we these festal rites are celebrating.
   [To a Priest.
Take the golden cup and fill it brimful
With juice of young Lyæus. [To Hero.
 Here bring thou the myrtle.
   [Raising high the cup and the myrtle.
May the fair Queen of Gnidus, Queen Amathusian,
Remain propitious, while I bedew her altar.
   [Pours the wine over the altar.
Hail ! O goddess, we humbly offer
 Wine on thy altar ;
From this golden bowl we proffer
 Wine unto thee.
Come, 'mid flowers and libations,
 Hearts beguiling,
Come, O Venus, come thou, smiling,
 From the sea.

Let the splendour of thy glances
 Brightly gleam on mine.
Let love's radiance, that all entrances,
 On me shine.
For by thy power, on lofty mountain,
 'Mid the thorny
Briars, starts the fountain,
 Springs the flow'r.

Or s' inneggi ai mortali. Il tempio e l' urbe
Odan la voce mia. V'oalzate, o turbe.
[*Il Coro si alza—Ariofarne, accennando Leandro.*
All' eroe della cetera e del gladio,
Al vincitor delle afrodisie, al prode
Trionfator del combattute stadio
Ergete un' ode :
A Leandro d'Abido.
[" Ben ei nell' aspra lotta ebbe vaghezza
D' ornar le tempie e d' esaltare al gride
Di fama il patrio lido.
Egli vinse Corèbo alla carezza
Della dorica cetra e vinse al morso
Del pugilato il feroce Laeone.
[*Al Coro.*
Cantate, o turbe amiche, io v' ho precorso."]
Ad Ero.
Tu, la più bella del leggiadro coro,
Colla più bella delle tue eorone
Cingi il crine al garzon, e sia d' allòro."
[*Ero depone gentilmente una corona d' alloro sulla testa di Leandro, mentre risuona il seguente coro.*

MARINA .

A Leandro d' Abìdo allòro e palme !
Ei coll' ira del par che coll' amor
Rapisce l' alme.
A Leandro d' Abìdo e palme e allòr !

ERO.

Coronato di gloria eccoti, o forte !
Alteramente il capo tuo si posa
Sotto il serto Penejo e le ritorte
Fronde di quercia e la vermiglia rosa.
Triste colui che l' ora della morte
Vede appressar sulla terrena landa
E che non ha, siccome te, per sorte
Di portare sul crine una ghirlanda.

LEANDRO.

Coronatrice mia, più eletto vanto
Giammai quaggiù trionfator non ebbe.
E tanta possa la tua man mi crebbe,
Che al tuo parlar risponderò col canto.
[*Piglia la cetra.*
M' arde talor disio di cantar l' ira
Del divino Pelide,
Ma la cetra sospira :
Amore !—Allor dello scettrato Atride
Prendo a cantar lo scudo e la faretra,
Ma ognor la cetra
Sospira : *Amore !*—E invano io muto il pletro
E le vocali corde e il canto e il metro
Insidiatore,
Sempre la cetra mia sospira *Amore !*

SACERDOTESSE ED ERO.

E tu canta l' amor, mentre d' intorno
Ti pingerem sorrisi
D' intenti visi
E mentre schiara la sua luce il giorno.

Now give praise unto mortals. Through town and temple
My voice the mandate carries. Arise and praise them.
[*The chorus rise. Ariopharnes points to Leander.*
To the champion of the sword and of the lyre,
The winner in these Aphrodisia, he who
Did triumph in the athletic contest,
An ode of welcome
To Leander of Abydos.

[*To Hero.*
Thou, fairest virgin of the joyous choir,
With the most lovely of thy fragrant garlands
Crown the conqueror's brow with wreath of laurel.
[*Hero gracefully places a laurel crown on Leander's head while the chorus sing.*

SAILORS.

To Leander of Abydos, palm and laurel !
By his valour as well as by his charm
Our hearts are captured.
To Leander of Abydos, palm and laurel !

HERO.

Be then crowned with glory, O thou brave and dauntless !
Thy youthful brow most proudly claims the honour
Of the garland Penean, with twisted oak-leaves,
Emblems of triumph mingled with crimson roses.
Sad is the man whom Death's dark hour approaches,
With silent tread crossing his earthly pathway,
And who has ne'er like thee enjoyed the fortune
Of enwreathing his forehead with fadeless garland.

LEANDER.

Thou who hast deigned to crown me, no prouder triumph
Could ever on earth befall a mortal victor. [me,
And with such power hath thy sweet touch thrill'd
Unto thy speech I will respond with song.
[*Takes up the lyre.*
I yearn forsooth to celebrate in song
The wrath of the god-like Pelides,
But my cithern breathes only
Of love—And then of paramount Atrides.
I fain would sing the shield and flashing quiver,
But still my cithern
Breathes only of love. In vain I change the plectrum,
And the rhythmical cadence, the music, and the swiftly-changing measure,
Always my cithern breathes only of love !

PRIESTESSES AND HERO.

Wilt thou sing then of love, while we around thee
In happy groups are smiling
With eager faces,
And bright above us shines the sunlight golden.

LEANDRO.

Anacreontica.

Era la notte ; ombravano
Le nubi erranti e brune,
Sui talami e le cune
Pioveano i sogni d' òr.
Ed ecco al mio tugurio
Batte gemendo Amor :

Apri la porta, è torbida
La luna e l' aër crudo ;
Son fanciulletto e nudo,
Così non mi lasciar,
Fa ch' io m' arrivi al tiepido
Raggio del focolar.

Pietà mi spinse, al pargolo
Trassi, ei vèr me movendo
Ne lo vedea, piangendo,
Scarmigliato il crin.
Io lo conforto e suscito
La vita al fanciullin.

Ma come appena ei vedisi
Del suo dolor discarco,
Ecco, ei s' avventa all' arco,
Teso vèr me lo tien.
Scocca la freccia... e il perfido
Già mi ha trafitto il sen.

CORO.

A Leandro d' Abìdo allòro e palme !
Ei coll' ira del par che coll' amor
Rapisce l' alme.
A Leandro d' Abìdo e palme e allòr !

ARIOFARNE.

Ite, sacerdotesse, a rinnovare
L' offerta della mirra e dell' incenso,
Alimenti dell' are,
[" Affinchè denso
Salga il fumo all' altare.
Correte ad esplorar tutte le zolle
Di Rodope, almò colle,
E col bruno amaranto,
Colle conchiglie che ci porta il mare,
Col molle acanto,
Fiorite il tempio ; e le argentee colombe
Sien olocausto."]
Ma finchè non s' udran le sacre trombe
V' è tolto il ritornar, sarebbe infausto
Qui addurre il piè pria di quel segno.
                              [*Le sacerdotesse escono.*
                    Io sento
Un' aura dolce, prenunzia del Nume,
Quasi alfar di ventilate piume.
Questo il momento
È degli uffici arcani.   [*A Ero.*
Ero, qui resta tu.
                    [*Ai marinai, al popolo.*
     Ite, profani.

LEANDER.

Anacreontic.

Midnight was looming ; across the sky
The shadows were darkly creeping,
While o'er the people sleeping
Dreams golden and gladsome fell.
When Love came to my dwelling,
Sadly his plight to tell.

"Open thy portal, and shelter me :
The moon rays their flight have taken,
I'm naked and forsaken ;
Let me thy mercy know.
Let me recover beside thy
Hearth and its genial glow."

So moved to pity, I welcome gave
The urchin faint and fearful,
Dim were his eyes and tearful,
Tangled his golden hair.
I gave him comfort and cherish'd him,
And soothed his wild despair.

Soon as the roguish boy reviv'd,
He ceased to pine and shiver ;
Off he ran and found his quiver,
Aiming at me his dart.
Swift flew the arrow, with fatal guile
Love smote me to the heart.

CHORUS.

To Leander of Abydos, palm and laurel
By his valour as well as by his charm
Our hearts are captured.
To Leander of Abydos, palm and laurel !

ARIOPHARNES.

Go hence, ye sacred virgins, and replenish
The holy myrrh and incense on the altar ;
Let the shrine waft sweet fragrance.
But until resound again the trumpets
Let none of ye return, it would be fatal
To enter here before that signal.
                    [*The Priestesses exeunt.*

I breathe the fragrant sweetness
That heralds the goddess
As if 'twere wafted by celestial wings.
This is the moment of the mystic rites.
                              [*To Hero.*

Hero, thou shalt remain.
                    [*To the Sailors and People.*
Now leave the temple.

SCENA TERZA.

ERO e ARIOFARNE.

ARIOFARNE.

Donna, hai scelto ? manifeste
Son tue mire ? Il cor ti mena
Alla Venere celeste,
O alla Venere terrena ?
Parla.

ERO.

Ho scelto. Aspiro all' ombra
Del sidereo e casto vel,
Che il pudico grembo adombra
Della Venere del ciel.

ARIOFARNE.

Bada, o folle ! E non paventi
D' Ariofarne il genio fiero ?
Tu non sai che fiel diventi
Un amor deriso e altero.

[Ironicamente.

Tortorella ! dal tuo nido
Scacci l' avido sparvier?...
Ho gli artigli e ti conquido,
Su di te saprò cader.

ERO. *[Serenamente.*

Quella fulgida fiammella
Vedi là sul mar che danza ?
E di Venere la stella,
E una stella di speranza.
Del suo lume circonfusa
Un' aurora al cor mi vien,
Una pace ampia e diffusa
In un fulgido seren.

ARIOFARNE. *Con ira.*

Pensa, pensa, la folgore romba !
Pensa pria che s' arresti la sorte.

ERO. *Sdegnata.*

Del tuo bacio men tetra è la tomba,
Del tuo riso men buia è la morte.

ARIOFARNE.

Son l' arconte possente e selvaggio,
Fu più volte il mio sdegno fatal.

ERO. *[Fa per uscire.*

Nulla io temo. M' illumina an raggio
Che non spegne possanza mortal.

ARIOFARNE.

[La trattiene con forza e con passione.

Ferma ! un ultimo istante. Deh ! aspetta !
Mi sorridi, sembiante divin !

[Con cupa solennità.

Vuoi vendetta od amore ?

ERO.

Vendetta !

ARIOFARNE. *[Con accento fatale.*

È segnato il tuo buio destin.

SCENE III.

HERO and ARIOPHARNES.

ARIOPHARNES.

Girl, hast thou chosen ? Is thy purpose
Clear and steadfast ? Doth thy heart lead thee
To the Venus celestial ?
Or to the earthly Venus ?
Tell me.

HERO.

I have chosen. I yearn to enfold me
In the starry and sacred veil
That reveals the graceful bosom
Of the goddess Aphrodite.

ARIOPHARNES.

Beware, thou rash one ! And of my anger
Would'st thou brave the deep resentment ?
Would'st thou know what bane and poison
Love becomes, disdained and derided ?

[Ironically.

Doveling, darling ! From thy nest
Scare the savage hungry hawk !
I have the talons and I shall hold thee,
I shall fall upon my prey.

HERO. *[Calmly.*

Dost thou see the flame that dances
Softly yonder o'er the sea ?
'Tis the radiant star of Venus,
Star of joyful hope for me !
With that light on me shining
Gladness dawns upon my heart,
Calm and peace prevail around me
When those rays their joy impart.

ARIOPHARNES. *[Angrily.*

Heed my warning, there rumbles the thunder !
Pause, then, ere fate thy doom has decided.

HERO. *[Indignantly.*

Than thy kisses the tomb is more welcome,
Than thy laughter e'en death is less dreadful.

ARIOPHARNES.

I'm the archon with power resistless,
And my hatred most fatal must prove.

HERO. *[About to leave.*

Thee I fear not ! That ray shines upon me,
And no power that spell can remove.

ARIOPHARNES.

[Detains her forcibly and passionately.

Yet stay ! and let me entreat thee. Ah ! consent,
love,
And thy smile will o'erwhelm me with bliss.

[Solemnly.

Wilt thou choose love or vengeance ?

HERO.

Thy vengeance !

ARIOPHARNES. *[With deadly menace.*

Then thy doom is beyond recall.

SCENA QUARTA.

ERO (sola).

[Assorta ne' suoi pensieri s' avvia verso l' altare.

Segnato è il mio destin ?   Ei lo ha segnato,
Quell' uom malvagio ?
Io folle sono ; il Fato
Non è cosa dell' uom.   Cerco un presagio.

*[Vede una conchiglia sacra fra le offerte dell' altare, la
coglie, la scruta religiosamente, poi l' avvicina
all' orecchio.*

   Conchiglia rosea
     Del patrio lido,
     Piccolo nido
     Del vasto mar.
     Dell' alma Venere
     Culla e flottiglia,
     Rosea conchiglia.

   In te ricirculano
     Mille volute
     Che fan che mormorino
     Fin l' aure mute.
     Tu canti e sfolgori,
     Coro fra i cori,
     Oro fra gli ori
     Del sacro altar.

   L' api che ronzano
     Fra gli oleandri,
     Ne' tuoi meandri
     Odonsi ancor.
     Un trillo eolio
     In te bisbiglia,
     Rosea conchiglia.

   Entro ti palpitano
     Le nettunine
     Ninfe, che avvincolansi
     D' aliga il crine,
     E tutti i zeffiri
     Pel cielo erranti
     E tutti i canti
     Del pescator.

   Dimmi l' oracolo
     Di mia fortuna,
     Tu della duna
     Eco e splendor.
     Parla, la vergine
     Cupida origlia,
     Rosea conchiglia.

*[Avvicina l' orecchio alla conchiglia e rimane come
côlta da orrore, da visione profetica.*

   Parla... e che ? turbinano
     Sconvolte l' onde !
     Crollan... rigurgitano...
     Alte e profonde.
     E sull' equorea
     Terribil ira
     Piomba la dira
     Furia del tuon.

SCENE IV.

HERO (alone).

[Lost in thought she moves towards the altar.

My doom beyond recall ?   He has decreed it,
That man revengeful !
Oh ! this is madness ; what folly !
No man rules over fate.   What says the omen ?

*[Takes up a shell from amongst the votive offerings at
the altar, gazes at it devoutly, and then holds it to
her ear.*

   Fair shell of the sea,
     Radiant and rosy,
     With tender kisses
     Of ocean deep.
     Cradle so cosy
     Of Aphrodite,
     Shell fair and rosy.

   In all thy winding ways
     Murmur and mingle
     All the long silent lays
     Of spray and shingle.
     In thee a choir blest
     Seems to be singing,
     Unto me bringing
     A hope of rest.

   Bees that go humming
     'Mid oleanders
     In sunlit hours
     In thee I hear.
     And trills Æolian
     There softly whisper,
     Shell fair and rosy.

   The mermaid 'neath the waves
     With seaweed in her tresses,
     Unto thy throbbing heart
     Her soul confesses.
     There dwell the winds that blow
     In ev'ry gentle breeze,
     And all the ebb and flow
     Of all the seas.

   Tell me what Destiny
     May plan or pleasure,
     Thou pride and treasure
     Of sea and shore.
     Tell me, so eagerly
     Listens the maiden,
     Shell fair and rosy.

*[Bends nearer to the shell and remains as if horror-
struck by a prophetic vision.*

   Tell me—dismay !—the waves around
     Are wildly whirling.
     They crash high and profound,
     Foam upwards hurling.
     And o'er the surging rush
     Of the ocean,
     Rage loud commotion,
     Thunder and wrath.

Orror profetico!
  Rombo bieco!
    Terribil eco!
  Ria visïon!
  Fuggi! ho una lagrima
  Sulle mie ciglia,
  Tetra conchiglia.
      [*Getta la conchiglia inorridendo.*

Oh! dread presentiment!
  Dark forebodings!
    Dangers alarming!
  Vision of horror!
  Begone! sad tears are flowing
  Fast from my eyelids,
  Shell dark and dreadful.
      [*Horrified, flings away the shell.*

SCENA QUINTA.

ERO, LEANDRO, e ARIOFARNE.

[*Leandro penetra occultamente dal fondo della scena e contempla Ero. Ariofarne, che ritorna dalla parte opposta, lo scorge. Il seguente dialogo fra Leandro e Ariofarne avrà luogo tutto nel fondo a voce bassa. Ero si sarà seduta in un canto della scena preoccupata nei suoi presentimenti e non vede i due che parlano.*

ARIOFARNE.

Riconosco i numidici corsieri
Al volo gagliardo, ed al turbante
I siriaci guerrieri,
E riconosco il giovinetto amante
          [*A Leandro con ironia.*
A un segno maliardo
Che il miscrello porta nello sguardo.

LEANDRO.   [*A parti.*

(Perduto io son.)

ARIOFARNE.

            Nel varcar queste porte
In ora vietata
Sai che affronti la morte?

LEANDRO.   [*Fiero.*

Il so, nè temo.

ARIOFARNE.

      Adolescente eroe,
Tu merti il mio perdono, all' adorata
Fanciulla io t' abbandono

LEANDRO.

        (Ahimè! vacillo.)

ARIOFARNE.

Sì audace per la morte e sì pusillo
Per l' amore! Fa cor. Di Dafni e Cloe
Rinnovellisi il caso e quello stesso
Fuoco vorace la vergine accenda
Che in te balena adesso   [*Si allontana.*
(Soltanto allor vendetta avrò, tremenda.)
                      [*Esce.*

SCENE V.

HERO, LEANDER, and ARIOPHARNES.

[*Leander enters at back of stage unobserved and gazes at Hero. Ariopharnes, returning from the opposite direction, sees him. The following dialogue between Leander and Ariopharnes takes place in an undertone right at the back of the stage. Hero seated up stage, and absorbed in anxious thought, does not see them.*

ARIOPHARNES.

I perceive the Numidian horsemen
By their chargers, and by their turbans
The bold Syrian warriors,
And I discover the fond and youthful lover
          [*To Leander, ironically.*
By the glances that betoken
That his hapless folly yet remains unspoken.

LEANDER.   [*Aside.*

(Alas! discover'd!)

ARIOPHARNES.

          It is death here to enter
In hours forbidden,
Knowest thou thy crime and thy peril?

LEANDER.   [*Proudly.*

I know and fear not.

ARIOPHARNES.

        O young and valorous warrior
Thy pardon I grant thee! and so I leave thee
To her sweet fascinations.

LEANDER.

        (Ah, me! I tremble.)

ARIOPHARNES.

Thou art for death so daring and yet so craven
Art for love. Take heart. Of Daphne and Chloe
Renew once more the story, and may the selfsame
Fire enkindle the virgin's bosom
That burns in thee already.   [*Going off.*
(Then, only then, my vengeance shall prove
appalling.)
                      [*Exit.*

SCENA SESTA.

ERO e LEANDRO.

Idillio.

LEANDRO. *[Accostandosi ad Ero.*
Ero soave dal volto celeste,
Sulle tue guancie una stilla, perchè?

ERO.

Leandro pio dalle pupille meste,
Tu perchè vieni amabilmente a me?

LEANDRO.

Vengo a te, perchè al fior d' una giunchiglia
Chiesi se m' ami... e mi rispose: no.

ERO.

Piansi perchè un' eburnea conchiglia
Voce mi diede onde il mio cor tremò.

LEANDRO.

La conchiglia mentì... ma non il fiore.

ERO.

Sugli oracoli incombe alto mister.

LEANDRO.

Se parla Amor non ha misteri il core.

ERO.

Se parla il core ha misteri il pensier.
Vedi, misteriosa è la vïola
Sott' all' erbe e nell' arnia è ascoso il miel.

LEANDRO. *[Con effusione.*

Dolce pensiero vuol dolce parola,
Scopri il tuo cor poich' è scoverto è il ciel.
Ben tu sveli la pompa delle chiome
Mostrando i bei biondeggiamenti al sol.

ERO.

O come guati... o come parli... o come
Stringi la man più che pietà non suol!

LEANDRO.

Il daino morde al fiorente citiso,
L' ape vola alla rosa e l' onda al piano,
E il mio viso s' affigge nel tuo viso,
E la mia man ricorre alla tua mano.

ERO.

Dalle tue labbra sgorga la favella
Più d' un' anfora dolce e più vital.

LEANDRO.

Per mille aspetti mille volte bella,
Virginalmente candida e fatal.
Ahi! perchè nacqui sull' opposto lido
D' Asia, cui rode eterno mareggiar!

ERO.

Odio il mare che sta fra Tracia e Abìdo.
Ahi! mar crudele! ahi! spaventoso mar!

LEANDRO.

E per quest' odio io t' amo e dei profondi
Flutti disfido l' invido furor.
Nel nostro bacio s' uniran due mondi,
Due mondi s' ameran nel nostro amor.

SCENE VI.

HERO and LEANDER.

Idyll.

LEANDER. *[Advancing towards Hero.*
Hero, with fair and heaven-sweet face,
Tell me why there is a tear on thy cheek?

HERO.

O kind Leander, with eyes of gentle sorrow,
Why com'st thou hither, so fondly me to seek?

LEANDER.

Here I come because I asked a jonquil flower
If thou didst love me, alas! it answered " No."

HERO.

I wept because a pearly shell did bring me
Tidings that fill'd my trembling heart with woe.

LEANDER.

Falsely spoke the shell—but not the flower.

HERO.

O'er inscrutable omens, mystery reigns.

LEANDER.

If love but speaks, the heart to gladness wakens.

HERO.

When speaks the heart, thought to rapture attains.
In the shade the violet is hidden,
While within the hive sweet honey lies.

LEANDER. *[Passionately.*

Each fond and tender thought demands words as tender,
Oh! let thy heart be open as the skies.
How the sunbeams dwell ever in thy tresses,
In all the glory of their golden glow!

HERO.

Oh! how thy glances move and thrill me,
Oh! love, how magic the fervour they bestow!

LEANDER.

The roe will browse on the flowering heather,
Bees hover round the roses, waves woo the land,
So my heart unto thy heart clings ever,
And so my hand must ever seek thy hand.

HERO.

Dearest, thy lips impart to each word spoken
Sweetness that human lips ne'er uttered yet.

LEANDER.

Oh! thou art lovely in a thousand phases,
So pure and holy, virginal and divine.
Ah! doom ill-fated! we, alas, are parted
By cruel waters, I must strive to conquer evermore!

HERO.

I hate the waters that keep us asunder,
Oh! cruel sea, so dangerous and dreadful.

LEANDER.

And for this hatred I love thee and I adore thee,
And all the angry waters I defy.
In our embraces are two worlds united,
Two worlds in our love their troth have plighted.

ERO.

Leandro! splende! etere
Al par d' un' orifiamma!
E mi trasporta l' estasi
Nel raggio d' una fiamma.
Spira su me l' ambrosia
Del Nume ed un novel
Vibra sonoro palpito
Nel sol, nel mar, nel ciel.

LEANDRO.

Ero! il sembiante magico
Figgi alla mia pupilla,
È là che la tua immagine
Più vagamente brilla.
Dal tuo bel viso piovemi
Una serena al cor
Soavità di balsami,
Melanconia d' amor.

*[Si ode la fanfara di Ariofarne. Ma Ariofarne sarà
già entrato in scena e si sarà nascosto dietro la
statua di Apollo.*

ERO.

Scende dal colle la fanfara sacra
Che il popola raduna. Ah! fuggi, fuggi...
È Ariofarne con essa.

LEANDRO.

[Svelle un fiore a Leandro da un arbusto.
Anco un istante...
Questo fiore ch' io svelgo ti ramment
Il mio nome e l' amor.

ERO. *[Prende il fiore.*
[Leandro, ascolta :
E quando fia ch' io ti rivegga ?

LEANDRO.

Quando ?
Tal forza è in noi divina che se il mondo
Tutto s' armasse a separarci, uniti
Ne accoglierebbe il cielo.]   *[Esce.*

SCENA SETTIMA.

ERO e ARIOFARNE.

ERO.

Un dolce sogno
Sognai.. che fu ?   *[La fanfara s' avvicina.*
Pur la fanfara ascolto
Che s' avvicina. Nel mio seno, o fiore!
[Prostrandosi davanti alla statua d' Apollo.
Nume fatale...al mio spirto sconvo to
Splenda la tua parola, e dell' amore
Che in cor mi nacque, svelami la sorte:
Qual è l' oracol tuo ? Favella.

ARIOFARNE.

*[Con voce cavernosa dietro il simulacro, senz' essere
visto da Ero.*
Morte.
*[Ero fugge inorridita. Ariofarne la guarda fuggire con
atteggiamento feroce.—La fanfara squilla fragorosamente.—Cala la tela.*

HERO.

Leander! through the ether space
What golden lights are flaming!
They thrill me with their radiant grace,
Love's wondrous joy proclaiming.
On me they shed the blessing
Of mighty gods on high ;
There vibrates a blissful emotion
O'er earth, o'er sea, and sky.

LEANDER.

Hero! all thy beauty magical
Steep in my fervid glances ;
Thy gaze holds all my heart in thrall
And all my life enhances.
Let thy sweet looks reveal to me
The dawn-tide of thy heart,
Like breath of summer breezes,
Love's rapture to impart.

*Flourish of trumpets heralding the approach of Ario-
pharnes, but Ariopharnes has already entered and
concealed himself behind the statue of Apollo.*

HERO.

Now in the distance sounds the sacred trumpet,
The people to assemble. Ah! leave me, escape ..
Ariopharnes is with them.

LEANDER.

[Plucks a bloom of oleander.
Stay, yet a moment...
Let this fair oleander remind thee
Of me and my love.

SCENE VII.

HERO AND ARIOPHARNES.

HERO.

I wake from dreaming,
A dream...of bliss. *[The fanfare approaches.*
Loud sound the warning trumpets ;
They still come nearer. Let me hide thee, sweet
flower.   *[Kneeling before the statue of Apollo.*
Mighty Apollo...to my troubled spirit.
Yield hope of joy and comfort, aid of this rapture
Within me waken'd, pray the fate foretell me:
Let thy decree be spoken! Pronounce it.

ARIOPHARNES.

*[In a sepulchral tone from behind the statue, without
being seen by Hero.*
Death.
*[Hero runs off horrified. Ariopharnes gazes at her
furiously—Loud flourish of trumpets—Curtain.*

ATTO SECONDO.

L' AFRODISIO.

[Parte del tempio di Venere consacrata ai misteri, splendidamente illuminato da candelabri e da torcie. Ariofarne, con fulgida pompa di vestimenti, seduto su d' un trono. Ero e Leandro discosti. Presso Ario-farne schierati : un Jerofante coperto di porpora e col diadema, il Daduco portante una fiaccola, l' Epibomio il quale erge sulle braccia una piccola statua d'argento della Dea, l' Idrano coll' acqua della purificazione, i Cantori, i Citarèdi, quattro Jeranleti coi flauti sacri, le trombe sacre, i Pirofori coi tripodi ardenti. Nel fondo l' altare di Venere altissimo, più bassi gli altari d'Apollo e di Bacco.

ARIOFARNE, ERO, LEANDRO, e CORO.

CORO.

Ave, o stella vagabonda
  Dei tramonti e degli albor.
Or sui monti ed or sull' onda
  Disfavilla il tuo fulgor.
Il tuo raggio, in cui s' aduna
  Ogni gaudio ed ogni duol,
Una lagrima alla luna
  E un sorriso aggiunge al sol.

Ave, o Dea ! del nostro sangue
  Tu sei balsamo e velen.
Lieto è l' uom che per te langue
  Col tuo fascino sen.
Sei nel pianto e fra le strida
  Benedetta, o Dea d' amor ;
Ave, o Venere omicida !
  Lieto è l' uom che per te muor.

ARIOFARNE.
[Dopo il coro, alzandosi.
O popolo di Venere ! formose
Sacerdotesse, sacerdoti, udite.
Io vi convegno ad un antico rito.
[A Ero che s' accosta.
Ero gentil, t' appressa.   *[Fra sè.*
      (Ah per l'Averno,
Non mi sfuggi.)   *[A tutti.*
      La Dea parlò, l' olimpia
Favella sua si disascose e disse :
In mezzo al mar siede un' antica torre,
La torre della Vergine *chiamata*
" Nel secol d' oro, e là, nuda sul baratro
Spumante sta, fra gli scogli e le cicladi
Dov' è più irremeabile Ellesponto."
Negli aurei tempi vergine romita
" Ivi la casta Venere adorando "
Sacrificio pudico ai Numi offriva
Delle intatte sue forme, " e quella pia
Degli amori del mondo espiatrice,

ACT II.

THE APHRODISIUM.

[Part of the Temple of Venus consecrated to the Mysteries, brilliantly illuminated by lamps and torches. Ariopharnes, arrayed in magnificent robes, is seated on a throne. Hero and Leander stand at a little distance. Near Ariopharnes are a Hierophant in purple robes wearing a diadem, the Daduchus carrying a torch, the Epibomios holding in his arms a small silver statue of the goddess, the Hydranos with the water for purification, the Singers, the Harpers, four Players with the sacred flutes, the sacred Trumpeters, the Fire-bearers with their blazing tripods. Up stage the altar of Venus raised high aloft, and the altars of Apollo and of Bacchus lower in height.

ARIOPHARNES, HERO, LEANDER, AND CHORUS.

CHORUS.   *[Within.*

Hail, thou star that brightly wand'rest
  From the sunset to the dawn.
Now o'er waves and now o'er mountains
  Is thy radiance sweetly drawn.
In thy ray both grief and gladness
  Softly mingle and prevail.
Thou dost add a smile to sunlight
  And a tear to moonbeams pale.

Hail, O goddess, that unto mortals
  Hast the gift of balm or bane.
Blest is he whose ardent passion
  By thy spell may favour gain.
In the time of wail and weeping,
  Goddess fair, to thee we cry.
Hail, O Venus, death-compelling,
  All for thee are glad to die.

ARIOPHARNES.
[Rising.
O worshippers of Venus ! O fair and
Most graceful virgins, men of wisdom, now hear me.
To this most ancient rite I do convene you.
[To Hero, who approaches.
Hero, sweet maid, draw nearer.   *[Aside.*
      (Ah ! by Avernus
      Flight is hopeless.)   *[Aloud.*
The goddess decreed : her oracle
Holy I now will clearly unfold you. She spake thus :—
" Amid the waves standeth an ancient tower
And it was called the Tower of the Virgin
In ages golden. It stands out of the foaming
Deep, so base and gaunt 'mid the rocks and the
    Cyclades,
Where Helle's tide runs dangerous and stormy.
In golden ages there a lonely virgin
Was wont to worship lovely Aphrodite,
Making unto the gods a chaste oblation
Of her virginal beauty ; that holy maiden
Earthly love and passion expiated,

Bastava sola con un suo sospiro
O con un suo sorriso a far placata
L' invidia dell' Olimpo e a serenare
La tempesta dei stutti.
　　　Affinchè torni
La prima etade e l' universo biondo
Per ubertose messi, io vo' che il rito
Della Vergine s' innovi e che la torre
La sua vittima accolga."
　　　E disse e sparve.

[*Tutte le parole chiuse da parentesi, Ariofarne le mormora occultamente a Ero; il resto lo dice con voce alta e sonora, perchè sia udito da tutti.*

Ora a far pieno il voto della Dea..
　　　　　　[*A Ero.*
Ero gentil (ti penti), t' avvicina.
(Vedi ove tendo? hai tempo ancor.)　Sull' ara
Sali con me (O in un carcere eterno
O nel talamo mio... scegli, è ancor tempo).

ERO.
[*A bassa voce ad Ariofarne, tentando svincolarsi.*
(Lasciami, infame!)

ARIOFARNE.
　　　　[*Ad alta voce con serenità.*
　　Arcano l' ambre e odori
La rosa di Lièo.
　　　　[*A bassa voce ad Ero.*
　　(Se fuggir tenti,
Qui ti bacio le labbra.)

ERO.　　　[*Inorridendo.*
(Orror! Leandro!)

ARIOFARNE.
E sulla lidia cetra il bel Leandro
Sospiri un' ode. (Scegli... scegli...)

ERO.
　　　(Il carcere.)

ARIOFARNE.
　　　　[*Con voce tonante ad Ero.*
Tu la Vergine sei.

LEANDRO.
　　[*Si scaglia contro Ariofarne.*
　　Dalle mie braccia
Pria ti difendi!...

TUTTI.
O sacrilegio!

ERO.　　　[*Atterrita.*
　　O Numi!

ARIOFARNE.
L' arrestate, guerreri...

For she had only with one sigh of anguish,
Or with one smile of pleading, to calm and soften
The anger of Olympus, and pacify
The wildest fury of ocean.
　　　For the revival
Of that fair and happy time of early story
And most abundant harvest, I shall the province
Of that virgin re-establish, and thus the rock
Again its victim shall welcome."
　　　With these words she vanished.

[*All the words in parenthesis are murmured by Ariopharnes aside to Hero. He speaks the rest in a loud voice so as to be heard by all.*

Now to accomplish the mandate of the goddess.
　　　　　[*To Hero.*
Hero, sweet maid (repent thee), now approach me.
(See'st thou my purpose? there yet is time.)　The altar
Mount with me (In a dungeon eternal
Or accept my embraces... decide, time is fleeting).

HERO.
[*In an undertone to Ariopharnes endeavouring to evade him.*
(Leave me, thou traitor!)

ARIOPHARNES.
　　　　[*Loudly and calmly.*
　　Fragrance of amber and odour
Of roses around us.
　　　　[*In an undertone to Hero.*
　　(Dare not evade me
Or I here will embrace thee.)

HERO.　[*Horror-struck.*
(Oh, horror! Leander!)

ARIOPHARNES.
And with the Lydian cithern shall fair Leander
A sweet ode warble. (Decide... decide...)

HERO.
　　　(The dungeon.)

ARIOPHARNES.
　　　　[*To Hero, loudly.*
Then thou art the virgin.

LEANDER.
　　[*Attacks Ariopharnes.*
　　From my just vengeance
None shall defend thee!...

ALL.
What desecration!

HERO.　　[*Terrified.*
O heaven!

ARIOPHARNES.
Now arrest him, soldiers...

14

ERO E LEANDRO.

LEANDRO.

Il mondo, il cielo,
Selvaggio arconte, e la tua rabbia io sfido.
Quella vergine io l' amo.

ARIOFARNE. *[Ai soldati.*
Il suo vigore
Col numero si fiacchi.
[Leandro è atterrato dalle guardie.
Ah! tu gareggi
Con Ercole alla lotta, eppur sul suolo
Ecotti, o forte. *[Alle guardie.*
Entr' oggi egli sia reso
Alle spiaggie d' Asia, e se ancor varca
L' Ellesponto, l' attenda orrenda morte.
Date principio, o sacerdoti, al rito.

*[Ero è rimasta sull' altare immobilizzata dal terrore
Ariofarne la orna cogli oggetti sacri. Leandro è
circondato da un gruppo d' armati.*

O sacra vergine,
Le chiome d' oro
Coll' acqua magica
Spargo ed irroro.
Ridi e l' olimpica
Gioia preliba,
All' aureo calice
T' appressa e liba.

" Le perle pendule
T' ornino il crine,
Limpide lagrime
Oceänine."
Cingi la fulgida
Luna falcata,
E il velo argenteo,
O te beata. *[Con accento sinistro.*
(Spesso dai culmini
Del tuo manier
Ti desti l' ululo
Dello sparvier.)

ERO. *Come trasognata.*
(Più presso al limpido
Cielo profondo,
Lontan dal torbido
Fragor del mondo,
Vivrò in un mistico
Sogno seren.
Ma, o Dei! salvatemi
Leandro almen.)

LEANDRO.
(Perduta! o lagrime
Sgorgate! o cuore
Ti frangi! un esule
Son dell' amore.
Già un vasto oceano
Sul mio tesor
Si chiuse e un carcere
Si chiude ancor).

CORO.
Beäta vittima
Del casto vel,
Per te già spirano
L'aure del ciel.

LEANDER.
The world and heaven,
Thou fiendish Archon, and thy wrath I challenge.
That maiden, I love her.

ARIOPHARNES. *[To the soldiers.*
Quickly his prowess
Overcome by numbers.
[Leander is overpowered by the guards.
Ah! thou would'st venture
With Hercules to wrestle, and yet behold thee
Lying prone, O brave one. *[To the guards.*
This day let him be taken
To the shore of Asia; if he should cross
The Hellespont, a cruel death awaits him.
Let us commence forthwith the rites most holy.

*[Hero has remained at the altar motionless with
terror. Ariopharnes decks her with the sacred
emblems. Leander is surrounded by the guards.*

O maid, supremely blest,
Thy youthful brow
With water magical
I drench and sprinkle now.
Smile and inherit
Celestial bliss
And let thy lips fondly
The golden goblet kiss.

Let precious pearls adorn
Thy golden hair;
The limpid tears are they
Of ocean fair.
And don this coronal
Of crescent shape,
And let the silver veil
Thy features drape. *[Vindictively.*
(In thy abode,
With dread and fear,
The hawk's wild cry
Oft wilt thou hear.)

HERO. *[As if in a dream.*
Far from the tumult
Of earthly dole,
I shall dwell yonder
'Neath heaven's control.
Rapt in a happy dream,
With wonder rife,
But, O gods, watch o'er
Leander's life.

LEANDER.
(I lose her! Flow on, sad tears,
For ever! My heart
Is broken! An exile am I
From love's kingdom.
Now an ocean wide
Doth sever heart from heart,
And soon a dungeon dark
Shall keep our lives apart.)

CHORUS.
O blessed victim
Of the holy veil,
For thee celestial
Breezes shall prevail.

ARIOFARNE.

Ed ora agli anatèmi.   [*A Ero.*
         Giura! Giura!
Giura! per l' atre porte
Di Pluto e per la Morte!
[" E per gl' immensi orror della natura!...
   E pel tridente
Enosigèo! per Giove! per l' ardente
Demogorgon! e per Ecate oscura!...
E per l' eterno Fato!..."]
Che resterai celestialmente pura.
Giura.

         ERO.   [*Con voce fievole.*
     Ho giurato.

         ARIOFARNE.

E se il giuro fatal sia vïolato,
E se penètra
L' orma d' un uom a profanar ua calma,
Contra il nudo tuo sen pietra sa pietra
Sarà scagliata,
In fin che la tua salma
Dilanïata
Spaventi il ciel sulla spïaggia tetra.

        [*silenzio d' orrore.*
[*Accennando a Leandro, il quale è trascinato dalle
    guardie.*
S' allontani quell' uom.—La luna sorge,
Rimbombi alfine il cantico dell' orgie!

[*Sorge la luna, il suo disco luminoso irradia l' orgia e
    contrasta colle fiaccole e coi doppïeri accesi. Ero,
    coperta col velo d' argento, ritta sul' altare, domina
    virginalmente il baccanale.*

       CORO E DANZA.

Peàna! Peàna!—s' afferri la coppa
Che il seno di Venere—fremendo plasmò!
Già l' orma che impresse—l' olimpica poppa
D' aromi e di vivido—liquor si colmò!
Beviam, tutto è cenere—delirio e canzone
      Fuggevole e vana.
        O Venere!
        O Adone!
      Peàna! Peàna!

         [*Cala la tela.*

ARIOPHARNES.

The oath now must be taken.   [*To Hero.*
         Swear it! swear it!
Swear by the dark portals
Of death and of Pluto.

That thou'lt remain free from all earthly stain.
Swear it!

        HERO.   [*With feeble voice.*
     I have sworn it.

        ARIOPHARNES.

If the fatal oath be violated,
And if the shadow
Of a man should profane thy seclusion,
Against thy naked breast stone upon stone
Shall be hurl'd,
Until thy shapeless body, mutilated,
Makes heaven aghast at the dreadful sight.

        [*All are dumb with horror.*

[*Pointing to Leander, who is dragged off by the
    guards.*
Off at once with that man. The moon is rising,
Now shout forth the wild Aphrodisian anthem.

[*The moon rises, its rays shine on the orgies, con-
    trasting with the light of the lamps and torches.
    Hero, draped in the silver veil, stands at the altar
    during the revels.*

      CHORUS AND DANCE.

Ἰὼ παιάν! ἰὼ παιάν! Now raise we the goblet
Resembling the golden cup of Venus divine;
The bowl that was formed after model so lovely,
Fill high now with fragrant and sparkling wine.
Fill high, life's all vanity! Gay song and glad
      laughter,
      All else is vain and fleeting!
       O Venus! O Adonis!
      ἰὼ παιάν! ἰὼ παιάν!
We hail thee, O goddess! we hail thee!
         [*Curtain.*

ATTO TERZO.

LA TORRE DELLA VERGINE.

[Interno della torre. Ottagono. Nel lato obliquo, a sinistra, un alto e vasto verone. Alla destra, in fondo, una rampa che discende e fora il pavimento, indica essere ivi l' unico egresso della torre. Le muraglie sono annerite dal tempo e spoglie. Nel mezzo della scena è un giaciglio coperto da una pelle di leopardo. Poco discosto sta un vasto tavolo, sul tavolo una face accesa, una clessidra, una conca marina formata in guisa di portavoce. Accanto al tavolo un sedile sul quale Ero siede, e osserva la clessidra. Notte. Un raggio di luna incerto penetra or sì or no dal verone. Il vento porta le voci lontane dal mare.

SCENA PRIMA.

ERO (sola).

CORO INTERNO E LONTANO DI MARINAI.

La notte diffonde
Gl' incanti sul mar,
Tranquille e profonde
Vaporan le sponde,
La barca è una culla.
O vaga fanciulla,
Andiamo sull' onde,
Andiamo a sognar.

UNA VOCE DAL MARE.

Risplendon di fòsforo
I flutti del Bòsforo.

MARINAI.

Già palpita e anela
Per estasi il cor;
La luna si vela,
La luna si svela,
Son l' arche veliere
Al vento leggere;
La nave ha la vela
E il cuore ha l' amor.

LA VOCE DAL MARE.

Risplendon di fòsforo
I flutti del Bòsforo.
[Tutto rientra nel silenzio.

ERO.

Ellesponto! poetica laguna
Che la fortuna muta ad ora ad ora,
L' aurora della luna ti dia pace
Per questa notte.—tace il buio mondo.
[Si toglie un fiore dal seno.
E te che ascondo nel sacro meandro
De' seni e porti di Leandro il nome,
Fior di soave arome egli ti scelse,
Per me ti svelse dai rami felici.
Nuove radici or pianta nel mio cuore,
Tenero fiore.

ACT III.

THE MAIDEN'S TOWER.

[Interior of the tower, octagonal in shape. To the left, a large and lofty window, wide open. To the right, at the back, is a flight of steps which leads down through the floor and shows that it is the only egress from the tower. The walls are blackened by age and weather-beaten. In the centre of the stage a couch, covered with a leopard's skin. At a little distance a large table, and on it a lighted torch, a water-clock, and a large shell formed like a speaking-trumpet. Near the table a chair on which Hero sits, intently watching the water-clock. It is night. A fitful ray of the moon comes at intervals from the window. The wind brings the distant sound of voices from the sea.

SCENE I.

HERÒ (alone).

CHORUS OF SAILORS WITHIN, AT A DISTANCE.

Night spreads o'er the ocean
Fair glamour and gleam;
The waves' gentle motion
Breathes joyous emotion,
Our bark is love-laden.
Oh! come, fairest maiden,
'Mid fervent devotion,
To wander and dream.

A VOICE FROM THE SEA.

The waves of the Bosphorus
Are sparkling with phosphorus.

CHORUS.

Our hearts are set dancing
Beneath the moonlight,
Now shyly advancing
And fitfully glancing,
While we, onward sailing,
With fair winds prevailing,
Shall glide, love enhancing,
Our dream of delight.

A VOICE FROM THE SEA.

The waves of the Bosphorus
Are sparkling with phosphorus.
[All is silent again.

HERO.

Hellespont! lagoon of dreamful fancy,
With mood so changeful in each passing hour,
Let moon-rise dower with calm thy waters
And night be tranquil—All the world is silent.
[Takes a flower from her bosom.
And thou, sweet flower, gently in my bosom
Reposing, and bearing the dear name of Leander,
Flower of fragrance, he chose thee for thy perfume,
For me he culled thee from the gladsome branches.
Bloom in my heart then, there revive and flourish,
Thou tender flower.

UNA VOCE LONTANA DAL MARE.

La luna s' asconde,
Schivate le sponde.

ERO. [*Medi'e bonda.*

Torna talora a scuotermi un beato
Perfumo del passato. Allora io penso,
" E un canto immenso vibra, e l' alma ascolta."
Quand' ei la prima volta qui m' apparve
" Col passo delle larve (e avea le stille
Nelle pupille a carità suàdɔ) "
Mi disse : Sette stadi d' alto mare
Mi vietan di baciare il tuo bel viso,
Ma in cuore ho fiso di varcarli, solo
Che' m' asseconde e il volo fra le spume
Diriga un lume dalla torre. " Ah ! spento
Non sia dal vento, colla dolce palma
Tu la ripara, come fosse l' alma
Di chi t' adora." O notti ! o rimembranze !
O sorrisi ! o speranze !

UNA VOCE DAL MARE.
[*Lontanissima e prolungata.*
C' è un nuvolo nero
Sull' isola Eubèa.

ALTRA VOCE. [*Meno lontana.*

All' erta, nocchiero,
Che vien la marèa.

ERO.
[*Sempre assorta nelle sue memorie.*
" E fûr compiute poi le dolci nozze,
Ma il segreto connubio alcun poeta
Non inneggiò, nè s' allegrò per teda
La stanza marital nè per ghirlanda ;
Non cantò gl' imenei la veneranda
Madre, nè il genitor, ma nel silenzio
Dell' ore elette a celebrar gli amplessi
Pur pronube le tenebre. L' Aurora
Mai non vide apparir sovra le piume
L' amoroso consorte ; egli spirante
Le notturne carezze il mar resolca,
Pria che lo colga insidioso il giorno,
Colle ondivaghe membra a sè medesmo
Nauta, remige e nave."

UNA VOCE DAL MARE. [*Lontanissima.*

S' intorbida l' Orto,
Tornate nel porto.

A VOICE FROM THE SEA.
[*In the distance.*
The moonlight is failing,
Near rocks we are sailing.

HERO. [*Meditatively.*

There comes anew to thrill me oft all the happy
Remembrance of love's gladness. My thoughts
vibrating
To mighty song around me, my soul enrapture.
When first he hither came and fondly sought me
With silent, stealthy footstep (and all his soul spoke
In his glances with tearful sweet persuasion),
He whispered : " Seven stadia of deep waters
Would vainly keep my lips from thy sweet visage.
At heart I am resolved to cross them, if only
Thou wilt help me, my passage through the
breakers
With bright torch guiding from thy tower. Ah !
let it
Ne'er be quench'd, dear, with thy fair hand e'er
Guard that light fondly, as though 'twere my soul,
love,
That so adores thee." O rapture ! O sweet remem-
brance !
Heart enthralling ! Hope enchanting !

A VOICE FROM THE SEA.
[*Very distant and long-sustained.*
O'er that island yonder
A dark cloud doth wander.

ANOTHER VOICE. [*Less distant.*

Let's homeward be going,
A storm-wind is blowing.

HERO.
[*Absorbed in her thoughts.*
And then the nuptial troth we fondly plighted.
But the secret union found no poet
To sing its praise, nor in the marriage chamber
Did torches brightly blaze, nor festal garlands ;
And no hymn unto Hymen was sung by tender
Mother, nor by the sire, but in the silence
Of those dear hours to their deep love devoted,
Save darkness, naught kept vigil there. The
dawntide
Ne'er beheld, enrapt in dreamful slumber,
That fond and youthful lover ; for he, still breathing
Sweet nocturnal caresses, swift departed,
Lest there should find him the treacherous young
daylight.
With wave-toss'd limbs he battles 'gainst angry
billows,
As ship and pilot and rower.

A VOICE FROM THE SEA. [*Very far off.*

Dark clouds are appearing,
To harbour be steering.

ERO.

Ombra! Notte! Mister! " Deserto è il mare.
Ha i suoi confini il mar, non ha confini
Il desiderio mio! Cocente spira
Oggi il vento all' amor."
                    Cade una stella!
È il mio Leandro che si getta in mare!
Ecco... io lo scerno già coll' acuìta
Pupilla del pensier... al lido ei move.
"O vision! dalle amorose membra
Con ambedue le man si tragge il manto
E al capo il si ravvolge e dalla sponda "
Si spinge in mezzo ai flutti. Oh quella stella
Mi presagiva il ver.
    [*Guarda la clessidra, piglia la face e torna al verone.*]

            Consunta è l' ora.
Venga la face, ardo pur io con essa.

    Splendi, splendi! erma facella,
        All' occulto nuotator,
    Como faro, come stella,
        Sull' Oceano dell' amor.

    Splendi, splendi! e nelle amare
        Spume versi ambrosia il ciel,
    E diventi dolce il mare
        Dove passa il mio fedel.

    Splendi, splendi! o ninfe, o amori,
        Ingigliate il suo cammin,
    Fate inciampo sol di fiori
        A quell' omero divin.

    Splendi, splendi! e se ai marini
        Solchi anelo e lasso ei vien,
    Bianchi cigni e bei delfini
        Reggan l' umido suo sen.

            [*La luna si scioglie dalle nubi.*]
È desso! è desso! te beata, o luna,
Perchè frangi le nuvole e rischiari
Il vago eroe nell' onde. È desso, è desso!
" Coll' altera cervice arditamente
Ei signoreggia il fluttuàr del mare.
Le palme or giunge a modo di preghiera,
Or le stacca robusto. Ahimè! gli scogli
Ecco...egli affronta .. Ahimè! l' esizio estremo
Pende su lui... Marèa! marèa! marèa!
Tempra l' orgoglio de' culminei fiotti!
Ah! tu non sai qual fior d' amore ondeggi
Sulla tua furia... egli è là... fra la rupe
E una terribil onda... ecco... ei la sfida
Coll' ardire d' un Dio. Numi! egli salvo!
Preme col piè la terra e si precinge
Col purpureo suo manto... della ròcca
Già corre alla scalata..."

HERO.

Darkness! Silence! and Night!   The sea's
    deserted.
The sea its confines hath, there are no confines
To my intense desire. The ardent breezes
Breathe but love to-day. A star is falling!
'Tis my Leander darting through the waters!
Ah! there... I behold him now, with the far-seeing
And yearning eyes of thought...the shore ap-
    proaching.
O vision fair! With his dear hands he deftly
Takes off the mantle draped around his shoulders,
And winds it round his forehead. Thereon he
    plunges
Amid the surging breakers! Ah! well I know it,
That star foretold the truth.
    [*Looks at the water-clock, takes the torch and turns to
    the window.*]
                    'Tis now the hour.
Come, torch, to light him, my soul like thee is
    burning.

    Brightly, brightly, torch, be shining
        To the swimmer far away.
    As a beacon, fair and star-like,
        O'er the sea that love doth sway.

    Brightly, brightly; while o'er the breakers
        Falls ambrosia from the sky.
    Oh! let all the waves flow gently
        When my lover cometh nigh.

    Brightly, brightly; O Loves and sea-nymphs,
        Render smooth his way to me.
    And let only flow'rs encumber
        Stroke so rapid, strong, and free.

    Brightly, brightly; and should the billows
        His unflagging limbs assail,
    Let white swans and dolphins bear him
        Safely onward through the gale.

            [*The moon breaks through the clouds.*]
I see him! I see him! Thou art blest, Diana,
For thou shinest from out the clouds to illumine
The brave and valiant swimmer. I see him! I see
    him!
With head uplifted, boldly he dominates
The surging of the foam-lit billows.
At first, as if in prayer, with palms united,
Next, with vigour he parts them. Alas! I see him
Now encounters. Alas! the greatest peril
May still o'ertake him. O tide! O tide! O tide!
Temper the pride of thy lofty breakers!
Didst thou but know what flower of love is floating
Upon thy fury ..'mid the rocks, there I see him
With frightful waves around him—but lo! he defies
    them
With a courage supernal—ye gods! heaven has
    saved him!
He treads the shore alertly,—and drapes around him
His bright mantle.—He is coming!—from the rocks
He is rapidly ascending—

[A Leandro, parlandogli dal verone con voce ansiosa.
"O sposo ! o sposo ! "
Studia il passo, mio ben .. La luna fugge
Tenta con cauto piede ogni macigno...
All' edera t' appiglia... ah! non cadere ! ..
Non cader nell' abisso... un passo ancora ..
Mio Leandro ! Leandro !

SCENA SECONDA

ERO e LEANDRO.

LEANDRO.

*[Balza dal verone in scena, ed è già fra le braccia d'
Ero.*

Ero !

ERO.

Leandro !
[Lungo silenzio, lungo amplesso.

LEANDRO.

Volto soffuso d' estasi,
Faro di mie procelle !
Ho l' alma fra le stelle,
Piango di voluttà.
Si, dai beati rai
Piango, chè senza lagrime
L' uom non contempla mai
La celestial beltà !

ERO.

O deïforme ! olimpico !
Bello siccome un Nume
M' appari e t' arde il lume
Del genio e dell' amor.
Pende la dolce sposa
Di tue parole al balsamo,
E se il tuo labbro posa
Ode il silenzio ancor.

A DUE.

"Avvinti come gemine
Colonne dorïensi,
Cinti dai lacci immensi
D' un fascino immortal,
Vieni, insertiam le palme,
Vien, confondiamo i palpiti,
Vien, congiungiamo l' alme
Nell' aura sideral." *[Lungo silenzio.*

ERO.

"Vieni al giaciglio o la stanchezza mole
Che t' occùpa le membra. Il molle crine
Ti astergerò colle carezze mie."

LEANDRO.

"O sposa ! o sposa ! "

ERO.

[Sedendo sulla pelle di leopardo.
"Come l' onde azzurre
Confondon per amor davanti ad Illio
Simoènta e Scamandro, e tu confondi
Il tuo spiro col mio..."

[Anxiously to Leander from the window.
My dearest ! My darling !
Tread with care, my love,—The moon is waning,
Try with the utmost caution each crag and foothold.
Cling firmly to the ivy—ah ! love, be careful ;
In that pass there's danger—one step, love—still
farther:—
My own Leander ! Leander !

SCENE II.

HERO AND LEANDER.

LEANDER.

*[Leaps from the window on to the stage, and rushes
into Hero's arms.*

Here !

HERO.

Leander !
[A long silence, a long embrace.

LEANDER.

Face that with joy is glowing,
Haven in storm and tempest,
Light on my hopes bestowing,
Star on my soul to shine.
Yes, from excess of gladness
Tears fall, for ne'er may mortal
Gaze, without wistful sadness
On beauty fair as thine !

HERO.

O godlike presence ! O form as fair
As are the deities above.
Thou comest, within thee burning
The flame of genius and love.
Ever my soul enraptur'd
Hangs on thy words so dear ;
And if thy lips are silent,
I still that silence hear.

BOTH.

Like twin-shaped columns we are bound
So firmly, dear, together,
By bonds that none may sever,
By love's immortal sway.
Come, love, with hands united,
Come, soul to soul conjoined for aye,
Come, let our troth be plighted
'Neath heaven's starry way. *[A long silence.*

HERO.

Come then to the couch, love, and rest thy limbs
so weary
For all thy brave endeavour. Thy tangled tresses
I 'll softly smooth with sweet and fond caresses.

LEANDER.

My darling ! Beloved !

HERO.

[Sitting down on the couch.
As the azure waters
For very love commingle before Ilion
Simoïs and Scamander, so we commingle
Our sighs together...

LEANDRO.
" Ero ! "

ERO.
" Leandro ! "
[*Guardando la clessidra.*
" L' ora passa."

LEANDRO.
" T' inganni. Alle amorose
Vigilie norma non impone il tempo,
E un solo bacio è un' Olimpiade intera."
M' ami ?

ERO.
Se t' amo ? e tu ? m' ami ?

LEANDRO.
T' adoro.

ERO.
Morir vorrei fra le tue braccia... come
La cadenza d' un' arpa. Ah ! dolce cosa
Saria la morte...

LEANDRO.   [*Sorgendo.*
Tu morir ?... fuggire,
Fuggir piuttosto. Ascolta, assai fidammo
Nel notturno mister ; il tuo periglio,
Sposa, pavento. A più securo porto,
A più serena piaggia, a più tranquilla
Solitudine andiam. In mar domani
Recherò una barchetta e salperemo
Per ignoto orizzonte, innamorati
Navigatori colle vele al vento.

A DUE.
Andrem sovra i flutti profondi
In traccia dei ceruli mondi
    Sognati dal nostro pensier,
In traccia d' un rorido nido,
In traccia d' un florido lido
    Ignoto a mortale nocchier.

Andrem dove nasce l' aurora,
Andrem dove il mare s' indora
    Dei vaghi riflessi del sol,
Coi baci sul labro, col riso
Nel core, coll' estasi in viso,
    Avvinti in un placido vol

[*Scoppia un tuono spaventoso. Per un istante Leandro
ed Ero scossi dall'estasi rimangono muti di sorpresa
e d' orrore. Lampeggia, tuona, l' uragano si fa
terribilmente violento.*

LEANDRO.
Un uragano !

ERO.
Precipizio ! Morte !
" Egioco Giove adunator de' nembi,
Folgorante ! Tuonante ! aita ! aita !
Siam perduti !... Leandro, ah !... mi sorreggi."

LEANDER.
Hero !

HERO.
Leander !
[*Looking at the water-clock.*
Time is fleeting !

LEANDER.
'Tis false, dear; when lovers keep their vigil
Time doth impose no limit,
And one brief kiss is an entire Olympiad.
Thou lov'st me ?

HERO.
If I love thee ? And thou, dost love me ?

LEANDER.
I adore thee.

HERO.
I fain would die in thine embraces, like
The dying cadence of a harp, love.
Ah ! sweet were death if thus it found me...

LEANDER.   [*Rising.*
What ! to die ! To fly, love,
To fly together. Now listen. Too much we've
    trusted
To the darkness of night. Thy constant danger,
Maiden, affrights me. We'll find a blissful haven,
A shore more glad and golden, realm fair and
    tranquil
For solitude and rest. At dawn to-morrow
I will loose my fleetest shallop, and we will drift,
    love,
To some far-off horizon, as only lovers
Can roam and wander, with fair winds to guide
    them.

BOTH.
Afar o'er the waves of the ocean,
Where zephyrs awake into motion,
    A bower of bliss we shall find.
Where always the sun-laden hours
Smile only on joy-breathing flowers
    To charm and to gladden the mind.

There always our lips will hereafter
Thrill only to kisses and laughter,
    'Mid radiance of magical gleams.
By sadness and sorrow forsaken,
We'll dwell, love, where brightly awaken
    The dawn of delight and of dreams.

[*A burst of thunder. For a moment Hero and Leander,
roused from their ecstasy, are dumb with surprise
and terror. It lightens, it thunders, the storm
becomes still more violent.*

LEANDER.
Again it thunders !

HERO.
'Tis the whirlwind fatal !
O Zeus, king of heaven, ruler of storm and tempest,
Lord of lightning and thunder ! Oh, help me ! oh,
    help me !
All is over !—Leander ! Ah ! love, sustain me.

Dar lo squillo io dovrei delle tempeste
Con quella tuba al mar... per evocare
I sacerdoti... ed Ariofarne... al rito
Della scongiura... qui .. dove noi siamo...
" M' intendi tu?... dove noi siam... nè fuga,"
Nè salvezza oramai, nè nascondiglio
Havvi per te...

LEANDRO. [*Irisoluto.*]
Tu dà fiato alla tromba,
Io mi getto nel mar.

ERO.
Ah! Folle! guata!
[*Lo conduce con tragica veemenza al verone.*]
Già i fiotti immani flagellan la torre!

[*La bufera diventa sempre più terribile, scoppiano i
fulmini e soleano il tratto di cielo che si vede dal
verone. Le figure dei due amanti sono ad ogni
momento illuminate da vivissimi lampi.*]

LEANDRO.
" Ero mia .. no... non tremare,
Ti prosterna al sacro orror
Vedi, è il ciel che stringe il mare
Nel delirio dell' amor."

ERO.
[*Côlta da una reminiscenza fatale.*]
Spavento! turbinano
Sconvolte l' onde!
Crollan, rigurgitano
Alte e profonde,
E sull' equorea
Terribil ira
Piomba la dira
Furia del tuon!

LEANDRO.
Vieni e in mezzo alla ruina
Fortunal che ha il mar travolto,
Beami ancora, Ero divina,
Col fulgor del tuo bel volto.
Mentre il tuon ripete al tuono
Il titanico richiamo,
Sul tuo cuore io m' abbandono
E ripeto : Io t' amo!

ERO.
Io t' amo!
[*S'ode dai piedi della torre la fanfara sacra d' Ariofarne,
indi mano mano che la scena incalza s' udrà il
seguente coro salire e avvicinarsi.*]

CORO INTERNO.
Cospargiamo di magico farro
L' onda irata del turgido mar,
E sia freno, sia diga, sia sbarro
Che ti possa, o Nettuno, placar.

ERO.
Ah!

LEANDRO.
Sposa mia! tu tremi?

'Tis my sacred duty to sound the warning
Of this alarming storm—and all the holy
Priests to summon—with Ariopharnes to utter
The invocation—here—where we now are, love,
Dost understand?—this very spot—no flight,
No safety henceforth, and no concealment
Are left to thee...

LEANDER. [*Resolutely.*]
Sound, then, forthwith the trumpet.
I will trust to the sea.

HERO.
'Tis madness! Beware!
[*Drags him hurriedly to the window.*]
For the waves relentless are lashng the tower.

[*The storm becomes more terrible, flashes of lightning
dart across the sky. The lovers are at every
moment revealed by the vivid ligatning.*]

LEANDER.
Hero, mine! nay, do not tremble,
Raise thy prayer to the gods above.
'Tis the sky that holds the ocean
In a wild embrace of love.

HERO.
[*Suddenly remembering the fatal vision*]
Oh, horror! Waves all around
Are wildly whirling.
Crashing so high and profound,
Foam upwards hurling.
And o'er the surging rush
Of the ocean,
Rage loud commotion,
Thunder and wrath.

LEANDER.
Come, love, amid the dreadful tempest
That upheaves the raging ocean,
With thy smile, divine and radiant,
Sanctify my soul's devotion.
Whilst loud thunder answers thunder
In titanic voice above thee,
On thy heart, love, let me linger,
Still repeating I love thee!

HERO.
I love thee!
[*The fanfare of Ariopharnes sounds from beneath the
stage, and as the scene proceeds the following chorus
is heard as it gradually approaches up the steps of
the tower.*]

CHORUS. [*Within.*]
Come and sprinkle the magical grain
O'er the waves of the turbulent tide,
Then the anger of Neptune shall wane
And calm o'er the deep shall abide.

HERO.
Ah!

LEANDER.
My belovèd, thou tremblest.

ERO.   [*Origliando.*
        Taci... taci...

                LEANDRO.
Che origli tu ?

                  ERO.
        [*Con un grido di disperato spavento.*
        Le trombe d' Ariofarne !

                LEANDRO.
Nulla ascolto.

                  ERO.
            Sì... sì... lo squillo .. io l' odo
Fra i fulmini . fra i venti... io non m' inganno...

                LEANDRO.
È la bufera.

                 [ERO.
        È Ariofarne ! è Ariofarne ! "
    [*La fanfara sempre più vicina. Ero al colmo dello
        spavento.*
[S' otturano.   le fauci...ascende... ascende...
Sempre più... verso noi   è maledetto
Chi un giuro infrange... O mio Leandro... fuggi...
No... non fuggir... " Là... l' uragano... resta...
E qua... Ariofarne... là l' idra... qua... il mostro...
M' affoga il cuor... ahimè .. mi si discioglie
Il vigor de' ginocchi... "

                LEANDRO.
                [*Si prostra ad Ero caduta.*
        " O sposa... sposa...
[Un baleno di forza in te ritorni,
Al suol t' imploro... qui restar non debbo,
La tua morte io sarei, quel veglio orrendo
Lapiderebbe, o ciel ! tue dolci membra !
        '*Balza in piedi per andare al verone.*
Ah ! meglio fora ch' io mi scagli in mare
Come una pietra dal Destin lanciata.

                  ERO.
            [*Aggrappandosi al collo di Leandro.*
Leandro, no ! "]

                LEANDRO.
                    [*Tenta svincolarsi.*
        Mi lascia.

                  ERO.
            Ha l' uragano
Sete di sangue ! Resta.

                LEANDRO.
            Io vo' salvarti.
                [*La fanfara sempre più vicina.*
Già s' avvicinan le tartarce trombe.

                  ERO.
Pietà ! pietà ! pietà !

                LEANDRO.
        '*Con affettuoso violenza si scioglie.*
        Forse domani
Fuggiremo al seren.   Addio.

HERO.   [*Listening.*
        Silence... silence ..

                LEANDER.
What dost thou hear ?

                 HERO.
                [*With a cry of despair,*
        I hear the sacred trumpets.

                LEANDER.
I hear nothing.

                 HERO.
        Yes, yes, the trumpet, I hear it
Through thunder and storm-wind.   Too well I
    know it.

                LEANDER.
It is the tempest.

                 HERO.
'Tis Ariopharnes ! 'tis Ariopharnes !

                LEANDER.
        [*Endeavouring to disengage himself.*
Release me !

                 HERO.
        Nay, for the tempest
Calls for a victim.   Stay, love !

                LEANDER.
            [*The fanfare sounds nearer.*
        No, I will save thee !
Already nearer swiftly come the trumpets.

                 HERO.
Stay, love ! oh, stay !   Hear me !

                LEANDER.
                [*Gently releasing himself.*
        Perchance to-morrow
We will fly far away.   Farewell, love !

ERO.   *[Sfinita.*

Deh! non perir.   " Leandro,
               Ti salva.'

LEANDRO.
        [Con un piede sul verone.
        " Addio."

ERO.
       Ti salva!

LEANDRO.

L' amore è forte.
Più della morte! ·
   [Spicca il salto. Scoppia un fulmine.

SCENA ULTIMA.

ERO, ARIOFARNE, E CORI.

[Ero balza de terra e con impeto irragionata corre alla face per portarla al verone, ma già apperisce alla rampa Ariofarne. Lo segue la fanfara. Pirofori, sacerdoti colle are, colle torcie. La face d' Ero le cade dalle mani e rimane a terra spenta e fumante.

CORO E ARIOFARNE.

Cospargiamo di magico farro
L' onda irata del turgido mar,
E sia freno, sia diga, sia sbarro
Che ti possa, o Nettuno, placar.

[Questa scongiura sarà cantata dal coro rivolto verso il verone e prostrato, mentre Ariofarne sparge il farro sul mare. E' usagano è sempre violento. Ma non lampeggia. Ero immobile.

ERO.
    [Con uno slancio in erno dell' anima.
(Ah! forse è un immortale!)

ARIOFARNE.
      [Fissandola tenaccmente.
        Ero.   La tromba

Non udii risuonar delle tempeste ;
E perchè non l' udii ? sai che fatale
Tal colpa esser potrebbe i o giovanetta
            [Ironico.
Esploratrice nei sogni smarrita.
Nulla rispondi ? Quella face a terra
    [Incalzando le domande e scrutandola.
Perchè ? perchè trepida tanto ? forse
Che paventi del tuon ? Perchè al verone
Guizza il tuo seguardo ? è questo fiore al suolo
Qual tòrtore fedele ti ha portato
Su questa ròcca ove i Leandri indarno
Vorrebbero allignar ? Rispondi !

HERO.   *[Exhausted.*
       Leander!
Ah, do not die. Ah! fly, love!

LEANDER.
    [With one foot on the window-ledge.
      Farewell, love !

HERO.
       Ah ! fly, love !

LEANDER.

Oh! love is stronger,
   Stronger than death.
[Leander leaps from the window. A burst of thunder.

SCENE THE LAST.

HERO, ARIOPHARNES, AND CHORUS.

[Hero rushes to take the torch to the window, but at this moment Ariopharnes appears. The fanfare, the fire-bearers, and ten priests, with the altars and torches, follow him. Hero's torch falls from her hand and lies smouldering on the ground.

ARIOPHARNES AND CHORUS.

Come and sprinkle the magical grain
O'er the waves of the turbulent tide,
Then the anger of Neptune shall wane
And calm o'er the deep shall abide.

[This prayer is sung by the Chorus as they turn to the window and kneel, whilst Ariopharnes sprinkles the grain on the sea. The sea is still violent, but the lightning ceases. Hero stands motionless.

HERO.
    [With exultant hope.
(Ah! can he be immortal ?)

ARIOPHARNES.
      [Fixing his eyes on her.
       Hero, the trumpet
Wherefore didst thou never sound when broke the tempest ?
Why heard we not the signal ? Knowest thou what fatal
Crime is this omission ? O fair explorer
In the maze and wonderment of dreamland,
Thou dost not answer ? Why has fallen that torch ·
  on
The ground ? Why so pale and why tremble ? Perchance
The thunder dost fear ? And this fallen flower,
What faithful dove has brought thee on this rock so
Bare and barren, where oleanders vainly
Would strive to bloom ? Answer me !

ERO.

[*Fra sè, guardando il verone da dove s' è gettato Leandro.*
(Giove
Un baleno m' invia che m' assecuri
Ch' egli è salvo).

ARIOFARNE.

[*La afferra e la conduce più presso al verone.*
Nel buio tu sogguardi ?
Sta ben, fanciulla, lo esploriamo insieme.
[*Terribilmente.*
Perchè tremi in mia man ? vergine ?

ERO.

(Un lampo!)
[*Scoppia il fulmine, il muro del fondo direcca, attraverso quello squarcio si vede il mare e sopra va scoglio il cadavere sanguinante di Leandro.*

ARIOFARNE.

[*Con immensa e feroce gioia accennando qualcosa in mare.*
Eccolo !

ERO.
Ah !   [*Cade.*

ARIOFARNE.

Morto ! sovra il duro scoglio
Cadavere percosso e sanguinante.
[*Guarda Ero distesa sul suolo.*

[Ella e svenuta. All' alba, o sacerdoti,
Adunerete i cumuli. Costei
Il suo giuro tradiva. V' apprestate
A seppellir sott' i macigni e i sassi
Il vivo corpo e il sacrilegio d' Ero.]
Ell' è svenuta.
[*S' avvicina ad Ero. la tocca.*
Ah ! un fulmine mi calga !
Vendicato non son !!... È salva !! È morta!...

[*Il coro si prostra, Ariofarne si china sulla salma di Ero.*

CORO INTERNO.

Beati spirti,
Sian vostro talamo,
Sian vostro nido
Le argentee sirti.
E al pio nocchiero
Sia sacro il lido
Dove s' amarono
Leandro ed Ero.
[*Cala la tela.*

HERO.

[*Aside, looking at the window from which Leander had leaped.*
Grant me,
O mighty Zeus, a token that shall assure me
Of his safety.

ARIOPHARNES.

[*Seizes her by the arm and leads her nearer to the window.*
Why gaze into the darkness ?
'Tis well, sweet maiden, let us both explore it.
[*Fiercely.*
Wherefore start at my touch, Virgin fair ?

HERO.
The token !
[*A burst of thunder; the wall at the back is rent asunder, and through the breach is seen the sea. and, on a rock, the body of Leander.*

ARIOPHARNES.

[*With intense and exultant joy points to the sea.*
There behold him !

HERO.
Ah !   [*Falls.*

ARIOPHARNES.
Lifeless on the cruel rocks
Lies thy wave-toss'd and mutilated lover.
Ah ! she has fainted.
[*Goes near to Hero; touches her.*

'Tis a thunderbolt that strikes me !
I remain unavenged ! She triumphs !
Death saves her !
[*The Chorus kneel. Ariopharnes bends low over Hero's body.*

CHORUS.   [*Within.*

Oh, joyful lovers !
Their troth-plight evermore
Now fondly keeping
'Mid peaceful sleeping !
To mortals ever
Be sacred the shore
Where lived and loved of yore
Leander and Hero.
[*Curtain.*

ERO E LEANDRO.

HERO AND LEANDER.

Luigi Mancinelli (1902)

PROLOGO.

PROLOGUE.

PROLOGO.
PROLOGUE.

Luigi Mancinelli.

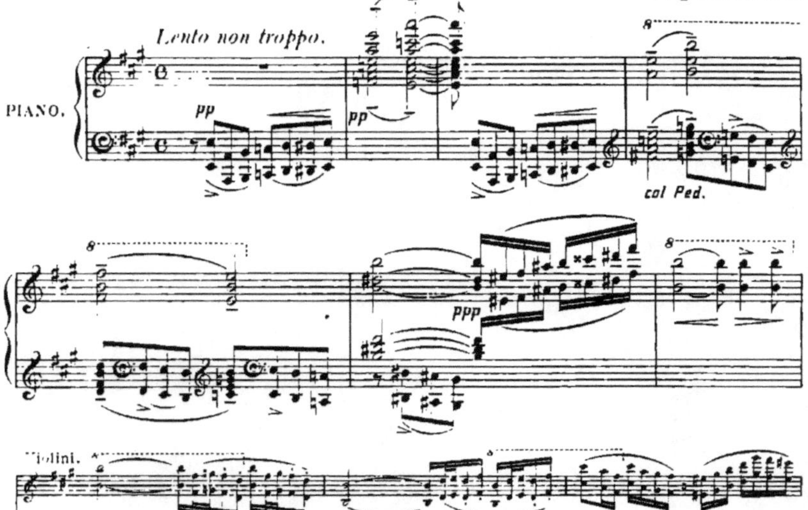

cantabile, espress.
mf
Ped.
Poco più lento.
pp
pp dolcissimo
poco rit.
a tempo
poco rit.
Tempo I°
cantabile
poco rit.
pp
molto rit.

VI

ff
dim.
ppp e molto rit.
tenuto
ppp a tempo
legato
SULLA SCENA.
Lento.
fp
Ped.
leggiero
pp

Poco più lento.

VOCE DI CONTRALTO.
CONTRALTO VOICE.
dolce cantabile e legato

Can - to la sto - ria di Le - an - dro ed E - ro___
I sing the fate of He - ro and Le - an - der___

pp

rit. a piacere

su cui son tan - ti se - co - li pa -
O'er whom so ma - ny cen - tu - ries have

mf

a tempo *dolce*

-sa - ti a - mo - ro - sa co - sì che nel pen - sie - ro
roll - ed Fall of pas - sion the sto - ry, that in thought___

Ped.

rit.

ri - tor - ne - rà de' tem-pi an-cor non na-ti
It will re - turn to a - ges yet un-born___

mf e rit.

a tempo
dolce cantabile e legato
E - ter - na co-me il duol
E - ter - nal 'tis as sor - row
a tempo
p
Ped.
co-me il mi-ste-ro d'a-mo - re che ne fà mesti e be-a-ti
like the spell of love that yields no joy or grief
Ped.
Ped.
Fio-re di po-ë-si- a te-ne-ro fio - re
Of po-e-try the flow - er, the ten-der flow - er
Ped.
Ped.
che ir-ro-ra-to di la-gri-me non muo - re.
that wa - ter'd by our tears dies ne - ver.
mf
fp
fp
Ped.
10260
Ped.

Poco più mosso.
cantabile, declamato, espress.

Can - to   pei
I   sing   for

fp   fp   fp

Ped.   Ped.   Ped.   Ped.

rit.   mf

col Ped.   armonioso

cuo - ri in - na - mo - ra - ti,   can - to   per gli oc - chi va - ghi
tru - ly lov - ing hearts,   I   sing   for eyes   so wistful

e per le guancie   smor - te   per quei ch'hanno sor - ri - so e
and pal - lor - haunted   checks___   For those who by their smiles

pp

ch'han-no pian - to in un' o - ra di vi-ta ar-den - te e
and their tears___ Ful - fill'd___ the burn-ing hours of

for ___ - - te.
life.

poco rit.

a tempo

L'an - ti - co a - mor che nar-ro fu co - tan - to che sfi-dò il
So great the ol-den love that I re - call___ It braved the

ma - - re i ful - mi - ni e la
thun - - der, the an - gry sea, and___

cresc.

dim.

10260

Tempo I°
largamente declamato

mor — — — te. ___

e ven *death.* ___

U- di- te il

Oh! hear the

poco rit.

ca — so la- gri-mo-so e fe- ro ___

tear- ful tra-ge-dy I tell ___

can- to la

I sing the

molto rit.

sto- ria di Le-andro ed E- ro. ___

fate of He-ro and Le- an-der. ___

a tempo.

Allegro agitato.
pp Orchestra
dolce espress. e cantabile
col Ped.
p
ppp

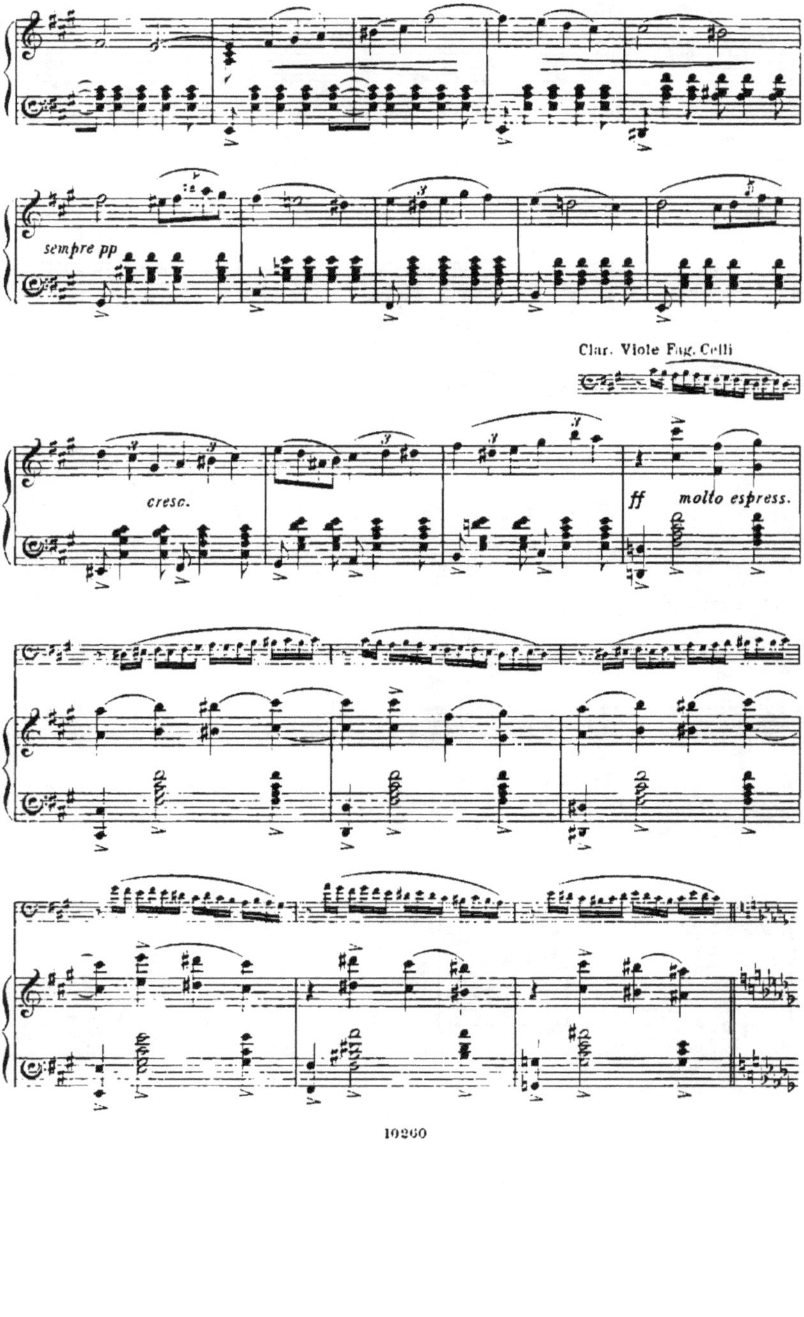
sempre pp
Clar. Viole Fag. Celli
cresc.
ff
molto espress.

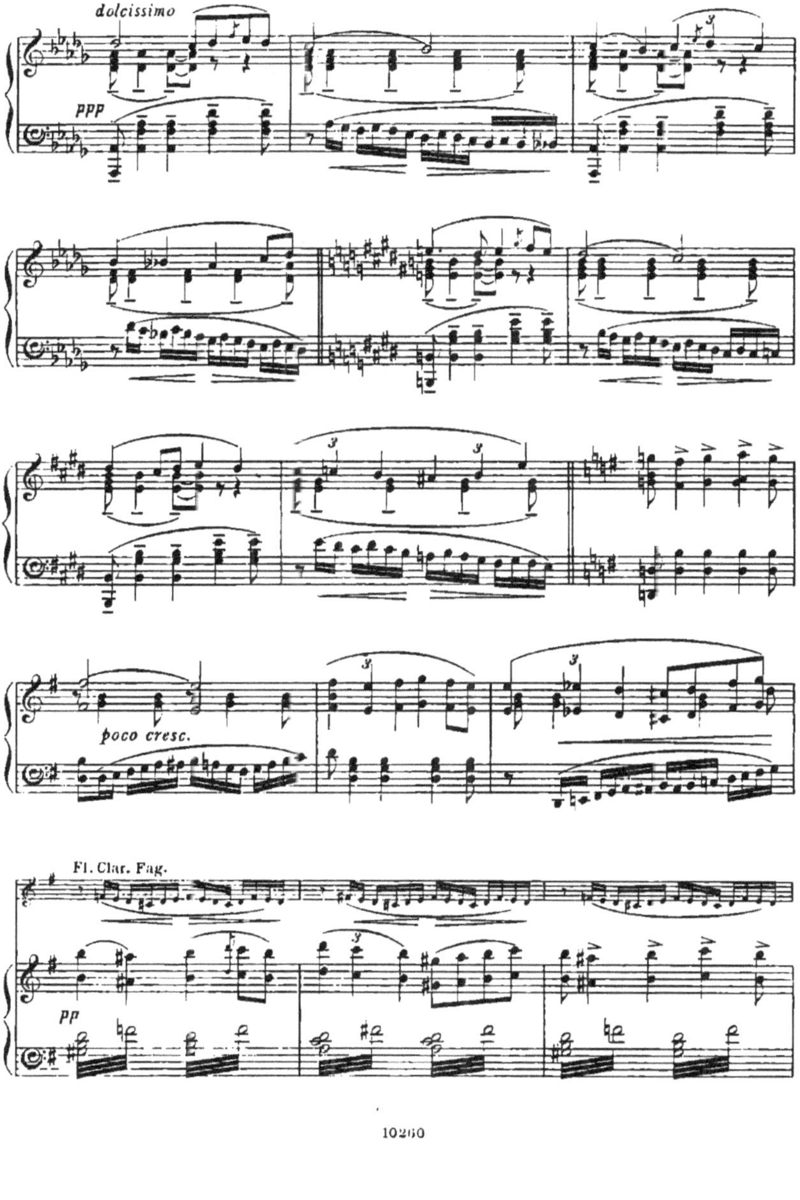

10260

cresc. poco a poco

Clar. Fag. Viole Celli

ff   molto espress.

10260

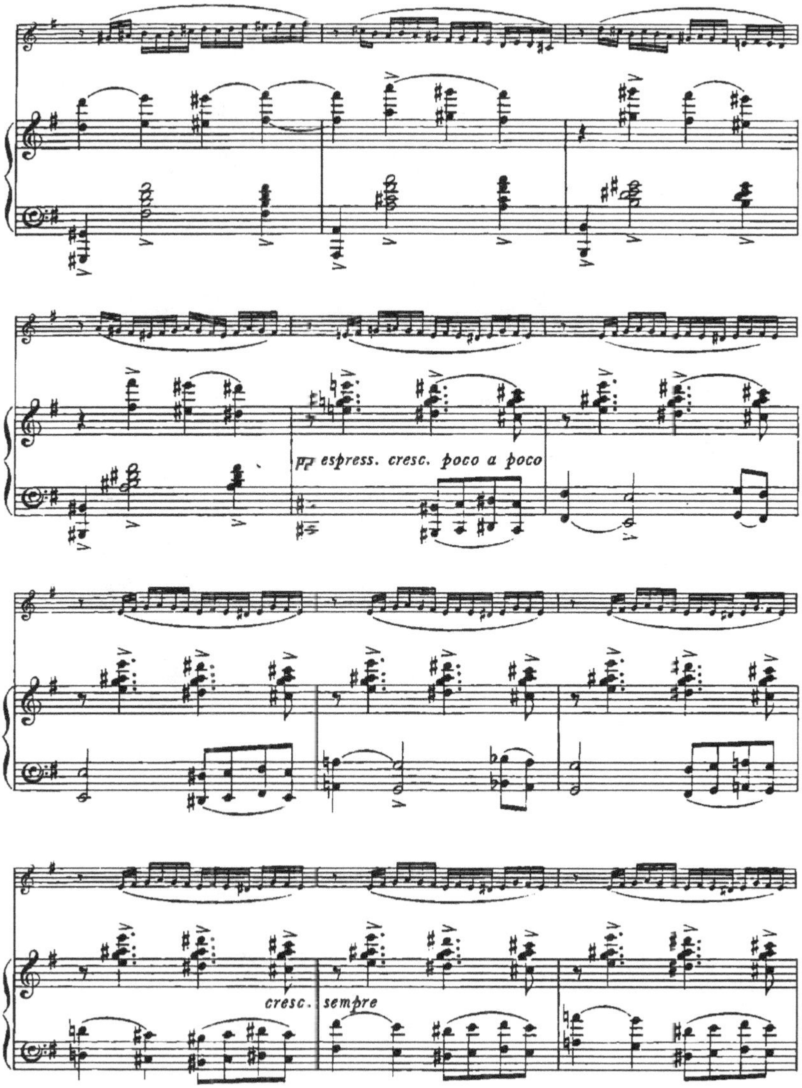
pp espress. cresc. poco a poco
cresc. sempre

Clar. Fag. Viole, Celli e Bassi.

ff *largamente con grande espressione*

riten.

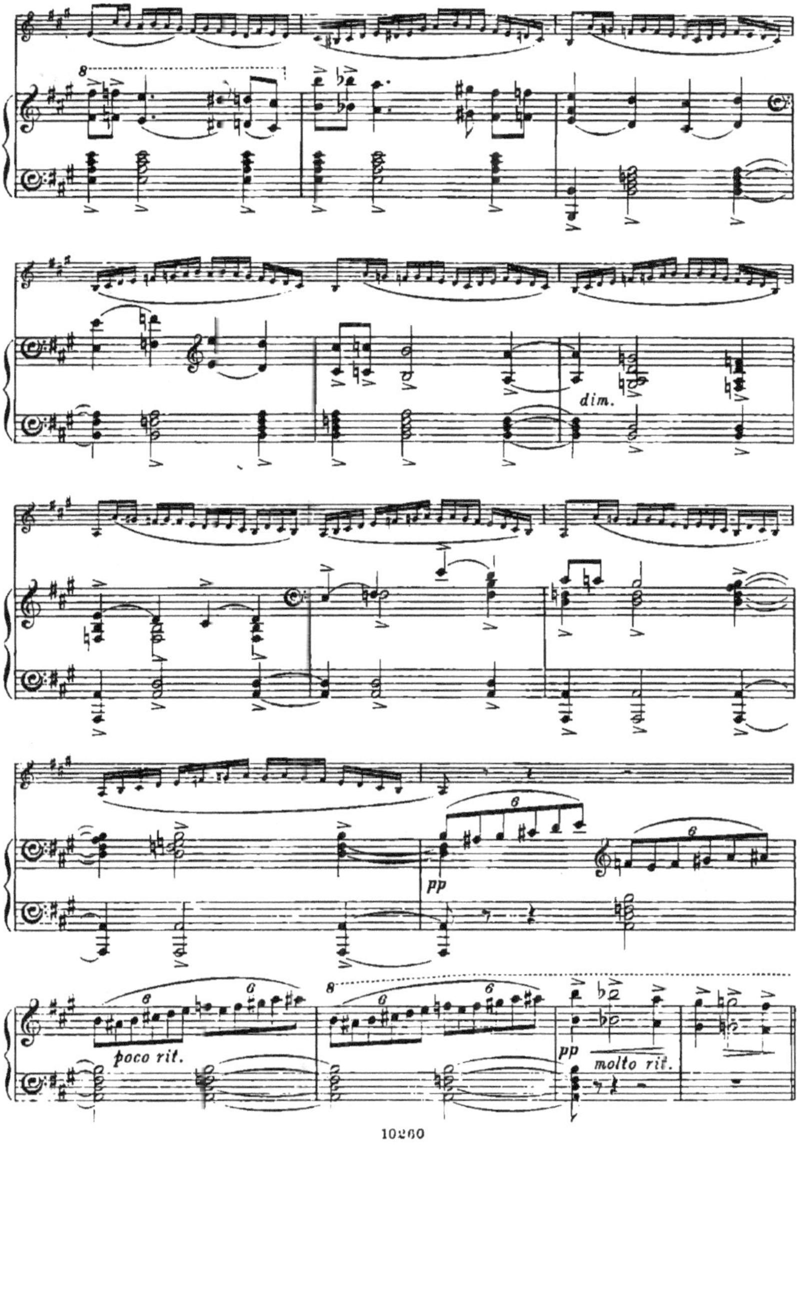
8
dim.
pp
poco rit.
8
pp
molto rit.

XX

Lento.

10260

IL TEMPIO DI VENERE.
THE TEMPLE OF VENUS.

Nel fondo un lato del portico annesso al tempio di Venere, a sinistra la facciata del pronao. La scena è a cielo scoperto. Mirti, cipressi, platani oleandri verdeggiano davanti alle colonne e da tutti i punti della scena. Nel mezzo la statua di Venere, a destra la statua d'Apollo. La porta del pronao è aperta, vi sarà un'ara ardente sulla soglia. Nel fondo attraverso un intercolonnio del portico e dove le fronde si diradano, si vedrà un lembo di mare tranquillo e d'crizzonte; la stella Venere brillerà sul mare. Ricorrono le Afrodisie, feste della Dea. All'alzarsi della tela il Coro è in parte chino, in parte prostrato verso la porta del tempio adorando. Sulla soglia del tempio sono disposte ghirlande, delle offerte votive, dei calici d'oro, delle conchiglie, dei rami di mirto: tre tempieri ed un neòcoro staranno sulla porta ad alimentare il fumo dell'incenso.——. Luce d'alba.

At the back one side of the portico of the Temple of Venus; to the left the façade of the vestibule of the temple. The scene is under an open sky. Myrtles, cypresses, plane-trees and oleanders adorn the space in front of the columns and various parts of the stage. The statue of Venus, C. and the statue of Apollo, R. The gate of the court before the temple is open, and on the threshold is an altar on which incense is burning. At the back between the columns of the portico and in the intervals between the trees there is a view of the calm sea and of the horizon beyond; the star of Venus shines over the sea. It is the time of the Aphrodisia, festivals of the goddess. As the curtain rises some of the Chorus are bending low, others are prostrate in adoration before the gate of the temple. On the threshold of the temple are wreaths, votive offerings, golden chalices, shells and myrtle branches; three guardians of the temple and an attendant stand at the gate of the vestibule to replenish the incense.—— Day dawns.

10260

A

pp
ppp
ten.
ten.
8va bassa
CORO DI SACERDOTESSE E MARINAI.
CHORUS OF PRIESTESSES AND SAILORS.
Soprano.
mf
Ve-ne-re U-ran-ia! Ci - pri-gna!
Ve - nus U-ran-ia! O Cy-pria!
Alto.
mf
Ve-ne-re U-ran-ia! Ci - pri-gna!
Ve - nus U-ran-ia! O Cy-pria!
Tenore.
mf
Ve-ne-re Ma-ri - na! Ci - te - rè - a!
Ve - nus the foam-born! Cy - the - re - a!
Basso.
mf
Ve-ne-re Ma-ri - na! Ci - te -
Ve - nus the foam-born! Cy - the-
p dolcissimo e legato.

10260

Allegro moderato.

L'in - no s'innal - zi per le vie _ del -
Raise we our voi-ces through the am - bient

Allegro moderato.

pp

L'in - - no s'in - nal-zi
Raise _ we our voi-ces

pp

L'in - - no s'in - nal-zi
Raise _ we our voi-ces

f

Col suon che vi - bra
With sounds that come from

- l'e - - tra, col fu-mo del-la mir-ra e del-l'in - cen-so;
e - - ther With cloud of _ in - cense float-ing,

L'in - no s'in - nal-zi
Raise we our voi-ces

L'in - no s'in - nal-zi
Raise we our voi-ces

dal - l'e - ter - na ce - tra del - l'or-be im - men - so.
all na-ture's mu - sic Great joy de - no - ting.

L'in - no s'in -
Raise we our

E colle vi-si-o - ni del - l'esta-si e col vol
And with ecstatic vi - sions And with the happy flight

E colle vi-si-o - ni del - l'esta-si e col vol
And with ecstatic vi - sions And with the happy flight

- nal - zi
voi - ces

6

de' fa-ti-di-ci al-ciò - ni._____ E col-l'au - ro - ra
Of halcyon bird pro-phe - tic,_____ A - mid the sun - dawn's

de' fa-ti-di-ci al-ciò - ni. E col-l'au - ro - ra
Of halcyon bird pro-phe - tic,_____ A - mid the sun - dawn's

pp

ful - gi-da_____ del_____ sol._____
ma - jes-ty_____ and_____ might._____

ful - gi-da_____ del_____
ma - jes-ty_____ and_____

pp

sempre pianissimo - - *dim.*

sol.
might.

L'in - no s'in - nal - zi
Raise we our voi - ces

A - - - stro di
Star of
A - - - stro di
Star of

per___ l'e - tra se - re - - - na, a - stro di
through the a - zure___ e - - - ther, Star of

L'in - no s'in - nal - zi per l'e - tra se - re - na,
Raise we our voi - ces through the___ e - ther,

sweet
sweet

10260

suo-ni dall' a - mor so - spin - to.
mu-sic that by love's cre - a - ted.
suo-ni dall' a - mor so - spin - to.
mu-sic that by love's cre - a - ted.
suo-ni dall' a - mor so - spin - to.
mu-sic that by love's cre - a - ted.
A-stro di suo - ni dall' a - mor so-spin-to.
Star of mu - sic that by love's cre - a - ted.
ff un poco riten.

Spi - ri l'e - o - lio flau - - to e l'a - ve - na di Be - re -
From harps Æ - o - lian soft - ly has vi - bra - ted, And pipes Pan -
Spi - ri l'e - o - lio flau - - to e l'a - ve - na di Be - re -
From harps Æ - o - lian soft - ly has vi - bra - ted, And pipes Pan -
Spi - ri l'e - o - lio flau - - to e l'a - ve - na di Be - re -
From harps Æ - o - lian soft - ly has vi - bra - ted, And pipes Pan -
Spi - ri l'e - o - lio flau - - to e l'a - ve - na di Be - re -
From harps Æ - o - lian soft - ly has vi - bra - ted, And pipes Pan -

-cin - to____ e l'on-deg-gian-te mar   pal - pi - ti come un
- de - an,____ and let the flow-ing brine   Throb   like a   might - y

-cin - to____ e l'on-deg-gian-te mar   pal - pi - ti come un
- de - an,____ and let the flow-ing brine   Throb   like a   might - y

-cin - to____ e l'on-deg-gian-te mar   pal - pi - ti come un
- de - an,____ and let the flow-ing brine   Throb   like a   might - y

-cin - to____ e l'on-deg-gian-te mar   pal - pi - ti come un
- de - an,____ and let the flow-ing brine   Throb   like a   might - y

cuor.____
heart.____

cuor.____
heart.____

cuor.____
heart.____

cuor.____
heart.____

ff e riten.   dolcissimo e molto riten.

Soprano I? e II.

pianissimo e molto riten.!

L'an - fo - re, l'ar - pe, l'a - re__
Gob - lets, harps, and al - tars,

Contralto I? e II?

pianissimo e molto riten.

L'an - fo - re, l'ar - pe, l'a - re__
Gob - lets, harps, and al - tars,

ppp   *amoroso.*   *dim.*

pp staccato e sempre riten.   *ppp*

Di mir - to si ghir - lan - di - no e di fior.___

With myr - tle buds and ro - sy wreaths en - twine,___

pp

Di mir - to si ghir - lan - di - no e di fior.___

With myr - tle buds and ro - sy wreaths en - twine,___

armonioso

dolce cantabile

Te be-

Thee, blest

pianissimo e molto riten.

Di mir - to si ghir - lan - di - no e di fior.

With myr - tle buds and ro - sy wreaths en - twine.

Di mir - to si ghir - lan - di - no e di fior.

With myr - tle buds and ro - sy wreaths en - twine.

molto riten.

10260

Lento e solenne (come prima.)

- a - - ta can-tiam, tri-on-fa - tri-ce de' Nu-mie de mor-ta - li! a noi tu

Ve - nus, we praise tri-um-phant e-ver O'er gods and o-ver mor-tals, from thy bright

Lento e solenne (come prima.)

pp

pp

gua-ta dal-la tua sfe - - ra ri -den-te e fe-li-ce, O De - a be-

sphere Look down on — thy hum-ble vo - ta-ries here, O god-dess en-

- a - - - ta!
- chant - - ing
Te be - - a - - ta can-tiam, tri-on-fa - tri - ce de' Nu-mi e de' mor-
Thee, blest Ve - nus, we praise triumphant e - ver O'er gods and o - ver
pp
dolcissimo.
Te be-a - ta can-tiam, tri-on-fa-tri - - ce, tri-on-fa-
Thee, blest Ve - nus, we praise tri-um-phant e - - ver, tri-um-phant
- ta - li a noi tu gua - ta a no-i tu gua - ta
mor - tals from thy bright sphere, from thy bright sphere
pp dolcissimo.
Le lab-bra d'a-mo-ro - sa au-ra co-
Waft us thy bree-zes am - or - ous and
pp
Le lab-bra d'a - mo - ro - sa au - ra co-
Waft us thy bree - zes am - or - ous and
poco cresc.
poco cresc.

cresc allargando
pp
- tri - - ce de' Nu-mie de' morta-li a noi tu gua - ta dal-la tu-a sfe-ra ri-
e - - -ver O'er gods and o-ver mor-tals from thy sphere Look down on thy humble
pp
dal-la tua sfe - ra ri - - den-te e fe - li - ce, O
Look down on thy hum - ble vo-ta - ries here O
pp
cen-ti ai ba-ci ar-gu - ti al-le blan-di - zie in-ci - ta
tender that kin-dle lips with fra-grant soft em-bra - ces,
pp
cen-ti ai ba - ci argu - ti al-le blan - di - zie in-ci - ta
tender that kin - dle lips with fra - grant soft em-bra - ces,
pp
cresc allargando
un poco
- den - te e fe - li - - - ce, O De - a be - a - ta! O
vo-ta - ries, thy vo-ta - ries here. O god-dess en-chanting, O
De - a be-a - - ta! O De - a be - a - ta! O
god - dess en-chant - - ing, O god-dess en-chanting, O
ai ba - ci ar - gu - ti in-gen-ti-li-sci i
our lips to kin - - dle, and gladden life's dull
in - gen - ti - li - sci i gior - ni o-scu - ri e len - ti di nos-tra
And life's dull hours glad - den and so ren - der joy to all
un poco
pp subito e cresc. a poco

cresc. sempre e -
De - a be - a - ta! O De - a be - a - ta, O De - a be -
god - dess enchanting, O goddess enchanting, O goddess en -
De - a be - a - ta! O De - a be - a - ta, O De - a be -
god - dess enchanting, O goddess enchanting, O goddess en -
gior - ni o - scu - rie lenti di nostra vi - ta, di
hours and so render joy to all fa - ces, to
vi - ta in gen - ti - li - sci i gior - ni o - scu - ri e len - ti di no - stra
fa - ces, and life's dull hours glad - den and so ren - der joy to all
a poco
cresc. sempre e -
- ritenuto
- a - - ta! Scen - di, Ve - ne - re,
- chant - - ing. Come then, Ve - nus,
- a - - ta! Scen - di, Ve - ne - re,
- chant - - ing. Come then, Ve - nus,
no - stra vi - ta. Scen - di, Ve - ne - re,
all fa - ces. Come then, Ve - nus,
vi - ta di no - stra vi - ta. Scen - di, Ve - ne - re,
fa - ces, joy to all. Come then, Ve - nus,
ff
- ritenuto

scendi infin che lu-de___ la mo-ri-bonda volut - tà del can - to.
come revive within us___ The fainting ecs-ta-sy of song and glad - ness.

scendi infin che lu-de___ la mo-ri-bonda volut - tà del can - to.
come revive within us___ The fainting ecs-ta-sy of song and glad - ness.

scendi infin che lu-de___ la mo-ri-bonda volut - tà del can - to.
come revive within us___ The fainting ecs-ta-sy of song and glad - ness.

scendi infin che lu-de___ la mo-ri-bonda volut - tà del can - to.
come revive within us___ The fainting ecs-ta-sy of song and glad - ness.

Scen - di, Ve - ne-re, del - le tue for - me sfol - go - ran-ti e nu-de
Come then Ve - nus, Show all the beau-ty of thy form re-ful-gent___

Scen - di, Ve - ne-re, del - le tue for - me sfol - go - ran-ti e nu-de
Come then Ve - nus, Show all the beau-ty of thy form re-ful-gent___

I° e II°

Scen - di, Ve - ne-re, del - le tue for - me sfol - go - ran-ti e nu-de
Come then Ve - nus, Show all the beau-ty of thy form re-ful-gent___

Scen - di, Ve - ne-re, del - le tue for - me sfol - go - ran-ti e nu-de
Come then Ve - nus, Show all the beau-ty of thy form re-ful-gent___

ff

sve - la l'in - can - to, e per l'azzurre linfe e per l'azzurro
That charms to mad - ness. *Then through the azure ether* *And from the azure*

sve - la l'in - can - to, e per l'azzurre linfe e per l'azzurro
That charms to mad - ness. *Then through the azure ether* *And from the azure*

sve - la l'in - can - to, e per l'azzurre linfe e per l'azzurro
That charms to mad - ness. *Then through the azure ether* *And from the azure*

sve - la l'in - can - to, e per l'azzur - re linfe e per l'az - zurro
That charms to mad - ness. Then through the a - - zure ether And from the a - zure

ciel ven - gan te - co le nin - fe l'A - mor le Gra - zie
sky, Come thy nymphs glad - ly with thee, While Love and the Gra - ces

ciel ven - gan te - co le nin - fe l'A - mor le Gra - zi
sky, Come thy nymphs glad - ly with thee, While Love and the Gra - ces

ciel ven - gan te - co le nin - fe l'A - mor le Gra - zie
sky, Come thy nymphs glad - ly with thee, While Love and the Gra - ces

ciel ven - gan te - co le nin - fe l'A - mor le Gra - zie l'A - mor le Gra - zie
sky, Come thy nymphs glad - ly with thee, While Love and the Gra - ces, while Love and the

10260

B

10260

lu - de la mo-ri - bon - - da vo-lut-tà del
- in us the faint-ing ecs - - ta-sy of song and
can - - to. Del-le tue for - - me sfol-go-ran-ti e
glad - - ness. Show all the beau - - ty of thy form re -

animando un poco
animando -
nu - de sve - la l'in-can - - - to, e per l'az -
- ful - gent That charms to mad - - - ness. Then from the
nu de sve - la l'in-can - - - to, e per l'az -
- ful - gent That charms to mad - - - ness. Then from the
nu - de sve - la l'in-can - - - to, e per l'az -
- ful - gent That charms to mad - - - ness. Then from the
nu - de sve - la l'in-can - - - to, e per l'az -
- ful - gent That charms to mad - - - ness. Then from the
animando un poco
animando -
- e - - - cresc. - - - - riten.
- zur - - re lin - - fee per l'az-zur - ro
a - - zure e - - - ther from the a - zure
- zur - - re lin - - fee per l'az-zur - ro
a - - zure e - - - ther from the a - zure
- zur - re lin - - fe e per l'azzur - ro
a - zure e - - - ther and from the a - zure
- zur - - re lin - - fe e per l'az - zur - ro
a - - zure e - ther and from the a - zure
- e - - cresc. - - - - riten.

allargando molto
ciel, ven - gan te - - co le
sky, Come thy nymphs gladly
ciel, ven - gan te - - co le
sky, Come thy nymphs glad - ly
ciel, ven - gan te - - co le
sky, Come thy nymphs glad - ly
ciel, ven - gan te - - co le
sky, Come thy nymphs glad - ly
ff allargando molto
riten. e dim.
pp
Nin - fe, l'A-mor le Gra - zie dal flu - en - - - te
with thee, While Love and the Gra - ces with thy veil are
Nin - fe, l'A-mor le Gra - zie dal flu - en - - - te
with thee, While Love and the Gra - ces with thy veil are
Nin - fe, l'A-mor le Gra - zie dal flu - en - - - te
with thee, While Love and the Gra - ces with thy veil are
Nin - fe, l'A-mor le Gra - zie dal flu - en - - - te
with thee, While Love and the Gra - ces with thy veil are
riten e dim. dim.

a tempo
pianissimo e
pp
vel.
nigh.
Ven-gan te - co le
Come thy nymphs gladly
a tempo
pp e legato
pp dim.
sempre più riten.
e molto riten.
ppp
Nin-fe, l' A-mor, le Grazie dal flu-en-te vel.
with thee, While Love and the Gra-ces with thy veil are nigh.
pp
ppp

2

Fanfara sacra. —— Entra ARIOFARNE; lo seguono ERO con alcune Sacerdotesse, LEANDRO coi pugili, vestito all'asiatica. —— Tutto il coro si prostra ad ARIOFARNE che s'arresta davanti alla statua della Dea, imponendo silenzio alla fanfara.

Flourish of trumpets. —— Enter ARIOPHARNES, followed by HERO and Priestesses, and by LEANDER, in Asiatic garb, accompanied by athletes. —— All the chorus fall prostrate as ARIOPHARNES stops before the statue of the goddess and bids the trumpets cease.

Marziale sostenuto.
Fanfara sacra.
Flourish of trumpets.

ff squillante.

mf

mf e stacc.

cresc.

ARIOFARNE.
ARIOPHARNES.

Ces - sin gli squil-li _____ ed
Si - lence the trum-pets _____ and

pp

Lento.

PP

al - le sa - cre trom-be _____ sa - cro se - gua il si - len - zio
to the sa - cred cla - mour Let si - lent wor - ship fol - low.

a piacere.

10260

24

dolce e legato

Si ri-de-sta già l'al-ba in ciel,
Dawn al-rea-dy a-wakes on high

PP a tempo   a piacere   a tempo

e l'ul-ti-ma al-ba è ques-ta che l'an-nuo ri - to
and this dawn is the last one That we these fes-tal rites

Cantabile declamato
Più lento.

ce-le-brar c'in - com-be.
are ce-le-brat-ing.

Por-gi il ca-li-ce d'or e fi-no al
Take the gold-en cup and fill it

fp   fp

(ad Ero.)
(to Hero.)

mar-go lo col-ma di Li-è-o.
brim-ful with juice of young Ly-æ-us.

Tu il mir-to ap-pron-ta
Here bring thou the myr-tle.

Poco più mosso.

fp   fp   fp

10260

dolce cantabile
La re - gi - na di Gni - do e d'A - ma - ton - ta pro - pi - zia
May the fair Queen of Gni - dus, Queen A - ma - thu - sian, Re-main pro -
pp
(sparge il
poco riten. e dim.
Lento sostenuto.
si - a men - tre l'of - fer - ta spar - - - go.
-pi - tious while I be - dew her al - - - tar.
p e legato
vino sull'ara.)
dolce
pp
cantabile solenne
Spar - go, o De - a, d'e - let - to vi - no l'a - ra e i mar - mi
Hail, O god - dess, we hum - bly of - fer wine on thy al - tar
p e legato

E il cra-te-re au-gus-to in-cli-no sul - l'al - tar.
From this gold-en bowl we proffer wine un - to thee.

Fra i li-ba-mi, i fio-ri i car - mi, col di-
Come, 'mid flow - ers, and li - ba - tions Hearts be-

-vi-no ri-so, Ve - ne-re, a be-ar-mi vien dal
-guil-ing, come O Ve - nus, come thou smil-ing From the

mar. Fa che
sea. Let the

Lo stesso movimento.
poco rit.
s'or - ni del tuo rag - gio la mia fron - - te; Fa che
splen - dour of thy glan - ces Bright-ly gleam on mine. Let love's
poco rit.
mf
a tempo
pp
splen - da in me il mi - rag - gio dell' a - mor.
ra - diance that all en - tran - ces on me shine.
a tempo
mf
Co - sì in vet - ta Al - l'a - spro mon - te
For by thy pow - er, on lof - ty mountain,
mf
fra il selvag - gio du - mo, nasce il fon - te, sbuccia il fior na - sce il fon - te
'Mid the thorny Bri - ars, starts the foun - tain Springs the flow'r, starts the fountain,
pp

rit. a piacere
Sbuc - cia il fior.
Springs the flow'r.
pp rit.
a piacere
Allegro moderato.
Or s'in - neg - gi ai mor - ta -
Now give praise un - to mor -
morendo
ff marcato
- li. Il tem - pio e l'ur - be O - dan la vo - ce mi -
- tals. Through town and tem - ple My voice the man - date car -
a piacere
a tempo declamando
ten.
- a val - za - te, o tur - be.
- ries. Arise and praise them.
Al - l'e - ro - e del - la
To the champion of the
a piacere
a tempo mf

ce - te - ra e del gla - dio, al vin - ci - tor
sword and of the lyre, The win - ner in
cresc.
del - le a - fro - di - sie, al pro - de trion - fa -
these A - phro - di - sia, He who did tri -
cresc.
- tor del com - bat - tu - to sta - dio, er - ge - te u -
- umph in the ath - le - tic con - test, An ode of
- n'o - de a Le - an - dro d'A -
wel - come To Le - an - der of A -
cresc.

Meno mosso e tranquillo.
(ad Ero.)
(to Hero.)
dolce
-bi - do. Tu, la più bel - la del leg-gia-dro co-ro, col-la più
-by - dos. Thou, fairest vir - gin of the joy-ous choir, With the most
pp
rit.
bel - la del-la tue co - ro - ne, cin - gi il cri-ne al gar - zon e sia d'al-
love - ly of thy fragrant gar-lands Crown the con-que-ror's brow with wreath of
pp rit.
Allegro risoluto.
-lò - - ro.
lau - - rel.
Soprano.
Alto.
ff
A Le-an - dro d'A-
To Le-an - der of A-
Tenor.
ff
A Le-an - dro d'A-bido al-lo-ro e palme!
To Le-an - der of A - bydos palm and laurel.
Bass.
Allegro risoluto.
ff

ff
A Le-an - dro d'A-
To Le-an - der of A-
-bi-doal-lo-roe pal-me!
-by-dos palm and lau-rel.
ff
A Le-an - dro d'A - bi-doal-lo-roe pal-me!
To Le-an - der of A - by-dos palm and lau-rel.
-bi-doal-lo-roe pal-me Ei col-l'i - ra del par
-by-dos palm and lau-rel. By his va - lour as well
Ei coll' i - ra del
By his va-lour as
Ei coll' i - ra del
By his va-lour as
Ei coll' i - ra del
By his va-lour as

che col l'a - mor ra - pis - ce l'al - me
as by his charm Our hearts are cap - tured

par che col l'a - mor ra - pis - ce
well as by his charm Our hearts are

par che col l'a - mor ra - pis - ce
well as by his charm Our hearts are

par che col l'a - mor ra - pis - ce
well as by his charm Our hearts are

poco rit.

a Le - an - dro d'A - bi - do e pal - me e al - lor, e pal - me e al -
To Le - an - der of A - by - dos palm and lau - rel, palm and

l'al - me. a Le - an - dro d'A - bi - do e pal - me e al - lor, e pal - me e al -
cap - tured. To Le - an - der of A - by - dos palm and lau - rel, palm and

l'al - me. a Le - an - dro d'A - bi - do e pal - me e al - lor, e pal - me e al -
cap - tured. To Le - an - der of A - by - dos palm and lau - rel, palm and

l'al - me. a Le - an - dro d'A - bi - do e pal - me e al - lor, e pal - me e al -
cap - tured. To Le - an - der of A - by - dos palm and lau - rel, palm and

-lòr, e pal - me e al - lòr al - lor!
lau - rel, palm and lau____ rel.

-lòr, e pal - me e al - lòr al - lor!
lau - rel, palm and lau____ rel.

-lòr, e pal - me e al - lòr al - lor!
lau - rel, palm and la_____ rel.

-lòr, e pal - me e al - lò: al - lor!
lau - rel, palm and lau____ rel.

ERO. *dolce espressivo e legato*
HERO.

Co - ro - na - to di glo - ria ec - co - ti, o for - te, Al -
Be then crown'd with glo - ry, O thou brave and daunt - less. Thy

Lento.

(ERO depone gentilmente una corona d'alloro sulla testa di LEANDRO.)
(HERO gracefully places a laurel crown on LEANDER'S head while the Chorus sing.)

-te - ramente il ca - po tuo si po - sa___ Sot - to il ser - to Pe - ne - jo, e le ri -
youthful brow most proudly claims the hon - our___ of the garland Pe - ne - an, with twisted

ppp

C

riten.

-tor - te fron-de di quer-cia e la ver-mi-glia ro - - sa.
oak - leaves Emblems of tri-umph mingled with crimson ro - - ses.

riten. col canto   *dim.*

Lo stesso movimento.

Tri-ste co - lui che l'o - ra del-la__ mor - te ve-de ap-pres-
Sad is the man whom Death's dark hour ap - proach-es With si - lent

pp legato

molto espress.

-sar__ sul-la ter-re - na__ lan - da E che non ha, sic-
tread,__ cross-ing his earth-ly__ path - way, And who has ne'er, like

poco affettuoso   *a tempo*   *riten.*   *pp rit. molto*

-co - me te, per sor-te di por-ta - re sul cri - ne u - na ghir-
thee en-joyed, the for-tune of en - wreath-ing his fore - head__ With fade-less

a tempo   *riten.*   *rit. molto*

LEANDRO.
LEANDER. dolcissimo

Co - ro - na - tri - ce
Thou who hast deigned to

Moderato.
tranquillo

mi - a, più - let - to van - to giam-ma - i quaggiù tri - on - fa - tor non
crown me, no prouder tri-umph could e-ver on earth be - fall a mor-tal

dolciss. tranquillo

eb - be.___ E tan - ta pos - sa la tua man mi
vic - tor.___ And with such pow - er has thy sweet touch

creb - be che al tuo par - lar ri - spon - de - rò col can - - to.
thrill'd me, Un - to thy speech with song I will res - pond.

10260

quasi a piacere
declamato

Lento.

ff armonioso

dim. e rit.

M'ar - de ta -
I yearn for -

poco rit. e dim.

-lor di - si - o di can - tar l'i - ra del di - vi - no Pe - li - de,
-sooth to ce - le - brate in song The wrath of the god-like Pe - li - des,

Ma la ce - tra so - spi - ra:
But my ci - thern breathes on - ly

A -
Of

pp

pp

riten. a tempo espressivo

-mo - re!
love

Al - lor del - lo scet - tra - to Atri - de
And then of par - a - mount A - tri - des

prendo a can -
I fain would

molto espressivo

poco riten.

-tar lo scu-do e la fa-re-tra: ma o-gnor la ce-tra so-
sing the shield and flashing qui-ver, But still my ci-thern breathes

cresc.

poco riten.

pp riten. a tempo

-spi - - ra A - mo - re! In-va - no mu-to il
on - - ly of love In vain I change the

riten. a tempo

ple - tro E le vo-ca-li cor - de e il can - to e il
plec - trum And the rhyth-mi-cal ca - dence, the mu - sic, and

cresc.

poco rit. rit. a piacere ten.

p

me - tro In-si-dia-to-re, sem-pre la ce-tra mia so-spi-ra A-mo-
swift - ly changing mea-sure al-ways my cithern breathes on-ly of love.

poco rit.

Poco più mosso e tranquillo.
ERO.
HERO.
espressivo
E tu can-ta l'a - mor,
Wilt thou sing then of love,
- re.
Soprano I° e II°
dolcissimo e legato
E tu can-ta l'a - mor.
Wilt thou sing then of love,
e tu can-ta l'a-
will thou sing then of
Contralto.
dolcissimo e legato
E tu can-ta l'a - mor,
Wilt thou sing then of love,
e tu can-ta l'a-
will thou sing then of
SACERDOTESSE.
PRIESTESSES.
Poco più mosso e tranquillo.
pp
e tu can-ta l'a - mor.
wilt thou sing then of love,
e tu can-ta l'a-
wilt thou sing then of
- mor.
love,
e tu can-ta l'a - mor men - tre d'in-
wilt thou sing then of love, while we a-
- mor.
love,
e tu can-ta l'a - mor men - tre d'in-
will thou sing then of love, while we a-

riten. - poco - a - poco
-mor men-tre d'in-tor-no ti pin-ge-rem sor-ri-si d'in-ten-ti
love while we a-round thee In hap-py groups are smil-ing with ea-ger
tor - no ti pin-ge-rem sor-ri-si d'in-ten - ti
-round thee In hap-py groups are smil-ing with ea - ger
tor - no ti pin-ge-rem sor-ri-si d'in-ten - ti
-round thee In hap-py groups are smil-ing with ea - ger
molto - rit. - e - dim.
vi-si, e men-tre schia-ra la sua lu - ce il gior - -
fa-ces, And bright a-bove us shines the sun - light gold - -
vi-si, e men-tre schia - ra la sua lu-ce il gior - -
fa-ces, And bright a-bove us shines the sun-light gold - -
vi-si, e men-tre schia - ra la sua lu-ce il gior - -
fa-ces, And bright a-bove us shines the sun-light gold - -
molto - rit. - e - dim.

ANACREONTICA | *ANACREONTIC.*

Lento tranquillo.

LEANDRO.
LEANDER.

- no.__
- en.__

E - ra   la not - te;   om-
Mid-night was loom-ing;   a-

- no.__
- en.__

- no.__
- en.__

Lento tranquillo.

pp

- bra - va - no le nu - bi   er - ran - ti e bru - ne,   Sui   ta - la - mi e le cu - ne pio -
- cross the sky The shadows were darkly creep-ing,   While   o'er the peo - ple sleep-ing Dreams

poco allargando   *a tempo*   *poco rit.*

- ve - va noi so - gni   d'ôr.   Ed   ec - co al mio tu - gu - rio
gold - en and glad-some   fell.   When   Love came to   my dwell-ing

poco allargando   *mf a tempo*   *pp poco rit.*

più riten. — *pp* — *Più lento.*
molto espressivo

Bat - te ge-men-do A - mor: — "A - pri la
Sad - ly his flight to tell: — "O - pen thy

più riten. — *ppp molto rit.* — *mf molto espressivo*

cresc. e molto riten.

por - ta; è tor-bi-da la lu - na e l'a - er cru-do;son fanciulletto e nudo;
por - tal; and shelter me, The moon - rays their flight have ta-ken, I'm naked and forsaken;

poco animando — *molto riten.*

poco animando

co - sì non mi lascia-, fa ch'io m'av-vi - vi al tie - pi - do
Let me thy mer-cy know, Let me re-co - ver be-side — thy

poco animando

Tempo I°
dolce cantabile.

riten.

rag - gio del fo - co - lar." Pie - tà mi spinse, al
Hearth with its gen - ial glow!" So moved to pi - ty, I

rit. e dim. — *pp riprendendo il tempo*

10260

42

par - go-lo Tras - si, ei ver me mo - ven-do, ne lo ve-de - a pian-
wel - come gave The ur - chin faint and fear-ful, Dim were his eyes___ and

gen - do scar - mi-glia - to il crin. Io lo con-for - to
tear - ful, Tangled his gold - en hair. I gave him com-fort

e su - sci - to la vi - ta al fan - ciul-lin. Ma
and cher - ish'd him And sooth'd his wild des-pair. Soon

co-me ap-pe - na ve-de-si del suo do-lor di-scar - co,
as the ro - guish boy re - vived, He ceased to pine and shi - ver;

ten. cresc. e animando cresc.-
Ec-co, ei s'av-ven-ta al-l'ar-co, te-so vêr me lo tien, Scoc-ca la
Off he ran and found his qui-ver, Aim-ing at me his dart Swift flew the
cresc. e animando
cresc.-
-sempre e animando
allargando con anima
frec-cia e il per-fi-do già m'ha tra-fit-to il
ar-row with fa-tal guile, Love smote me to the
-sempre e animando
poco rit.
allargand-
rit. a piacere
ten.
sen, e il per-fi-do già m'ha tra-fit-to il
heart, with fa-tal guile, Love smote me to the
dim.
se-no.
heart.
pp rit. col canto
a tempo
ppp

Allegro risoluto.
Soprano.
A Le-an - dro d'A - bi - do al - lo - ro e pal - me!
To Le-an - der of A - by - dos palm and lau - rel.
Contralto.
A Le-an - dro d'A - bi - do al - lo - ro e pal - me!
To Le-an - der of A - by - dos palm and lau - rel.
Tenore.
A Le-an - dro d'A-
To Le-an - der of A-
Basso.
A Le-an - dro d'A - bi - do al - lo - ro e pal - me!
To Le-an - der of A - by - dos palm and lau - rel.
Allegro risoluto.
ff

46

poco riten.

A Le-an-dro d'A-bi-do e pal-me e al-lòr, e pal-me al
To Le-an-der of A-by-dos palm and lau-rel, palm and

l'al-me. A Le-an-dro d'A-bi-do e pal-me e al-lòr, e pal-me e al
cap-tured. To Le-an-der of A-by-dos palm and lau-rel, palm and

l'al-dro A Le-an-dro d'A-bi-do e pal-me e al-lòr, e pal-me e al
cap-tured. To Le-an-der of A-by-dos palm and lau-rel, palm and

l'al-me. A Le-an-dro d'A-bi-do e pal-me e al-
cap-tured. To Le-an-der of A-by-dos palm and lau-rel, palm and

ff poco riten.

ARIOFARNE.
ARIOPHARNES.

Più lento.
quasi e piacere

I - te,
Go hence

-lòr, e pal-me e al-lòr, al - lòr!
lau-rel, palm and lau-rel.

-lòr, e pal-me e ai-lòr, al - lòr!
lau-rel, palm and lau-rel.

-lòr, e pal-me e al-lòr, al - lòr!
lau-rel, palm and lau-rel.

-lòr, e pal-me e al-lòr, al - lòr.
lau-rel, palm and lau-rel.

Più lento.

10260

a tempo
— sa-cer-do-tes - se, i-te a rin-no-va-re l'of-fer-ta del-la
— ye sa-cred vir - gins, has-ten to re-plen-ish The ho-ly myrrh and
rit.
mir-ra e del-l'in-cen-so, — a-li-men-ti del-l'a - - re. —
in-cense on the al-tar; — Let the shrine waft sweet fra - - grance. —
ten.
ten.
rit.
pp
pp
a tempo
Ma fin-chè non s'u-dran le sa-cre trom-be, v'è tol - to il ri-tor-
But un-til re - sound a-gain the trum-pets Let none — of ye re-
allargando a piacere
-nar, sa-reb-be in-fau-sto qui ad-dur-re il piè pria di quel segno.
-turn, it would be fa-tal To en-ter here be-fore that signal.
dim. e poco rit.

Lento tranquillo. *dolce*

(Le Sacerdotesse escono
(Priestesses exeunt)

Io sen-to un au - ra dol - ce, pre-nun - zia del Nu-me,
I breathe the fra - grant sweet-ness that her - alds the god-dess

pp *dolcissimo*

dolcissimo

qua-si a - li-tar di ven-ti-la-te piu - me.
as if twere waft-ed by ce-les-tial wings.

Que - st'il mo-
This is the

poco riten.

a tempo

(a Ero.) *quasi parlato*
(to Hero.)

- men - to è de-gli uf-fi-ci ar - ca - ni.
mo - ment of the mys-tic rites.

E - ro, qui res-ta tu.
He-ro thou shalt remain.

a piacere (ai marinai, al popolo.)
(to the sailors, to the people.)

I - te pro-fa - ni.
Now leave the tem - ple.

dolcissimo e tranquillo

a piacere

pp

rit.

molto rit. morendo

10260

Allegro agitato.

ARIOFARNE.
ARIOPHARNES.

Don - na,   hai scel - - to?_____   ma - ni - fe - ste son tue
Girl,   hast   thou cho - - sen?_____   Is thy   pur-pose clear and

dim.   *pp*

pp

mi - - re?   Il   cor   t. me -
stead - - fast?   *Doth   thy   heart lead*

pp

p

10260   D

cresc.

-na____ Al-la Ve-ne-re ce-le - ste, o al-la Ve-ne-re ter-
thee____ To the Ve - nus ce - les - tial? Or____ to the earth-ly

cresc.

ERO.
HERO.

a tempo

Ho scel - - to.____ A -
I've cho - - sen____ I

- re - - na? Par - la.____
Ve - - nus? Tell me.____

cresc. molto e affetuoso

Poco meno e tranquillo.
dolcissimo e legato

-spi - ro al - l'om - bra del si - de - re - o e ca - sto vel__
yearn to en - fold me in the star - ry and sa - cred veil__

pp
pp

---

pp

_ che il pu - di - co grem-bo a - dom - bra del - la Ve - ne -
_ That re - veals the grace - ful bo - som Of the god - -

ARIOFARNE.
ARIOPHARNES.
a tempo
declamato

Ba-da,o
Be-ware,thou

-re del___ cie - - lo.___
-dess A - phro - di - - te.___

fol - le!___ e non pa - ven - ti___ d'A - rio - far - ne il ge - nio
rash one!___ And of my an - ger___ Would'st thou brave the deep re -

fie - ro? Tu non sai che fiel di - ven - - - ti
-sent-ment? Would'st thou know what bane. and poi - - son

Andante tranquillo.

un a - mor___ de - ri - so e al - - te - ro.
Love be - comes___ dis-dain'd and de - ri - ded?

pp tranquillo

52

Tor - to-rel - la! dal tuo ni - do___ scac-ci l'a - vi-do spar-
Dove - ling dar - ling! From thy nest___ Scare the sa - vage hun-gry

-vier? Ho gli ar-ti - gli e ti con-qui-do, su di
hawk! I have the ta - lons and I shall hold thee, I shall

te sa-prò ca - der.
fall up-on my prey.

ERO. *Poco meno.*
HERO.
dolcissimo cantabile

Quel - la ful-gi-da fiam-mel - la___ ve - di là sul mar che
Dost thou see the flame that dan - ces___ Soft - ly yon-der o'er the

pp

10260

poco allargando a tempo
dan - za? È di Ve-ne-re la stel - la, è u-na stel-la di spe-
sea? 'Tis the radiant star of Ve - nus, Star of joy-ful hope to
poco allargando a tempo
animando poco a poco
-ran - - za. Del su - o lu - me cir - con - fu - sa
me! With that light on me shi - ning
animando poco a poco
allarg.
u-n'au - ro - ra al cor mi vie - ne; u - na pa-ce am-pia e dif -
Glad-ness dawns up-on my heart, Calm and peace pre-vail a -
allarg.
Più mosso e agitato.
-fu - - sa in un ful - gi - do se - ren.
-round me When those rays their joy im - part.
ARIOFARNE.
ARIOPHARNES.
Pen - sa,
Heed my
ten.
Più mosso e agitato.
col canto a tempo

54

ERO.
HERO.
Meno mosso, tranquillo.
Nul - la io
Thee I
ten.
-vag-gio, fu più vol-te il mio sde-gno fa - tal.
- sist-less, And my ha-tred most fa-tal must prove.
Meno mosso tranquillo.
dim.
(fa per uscire)
(about to leave)
dolce
te-mo. Mi il - lu - mi-na un rag-gio, che non spe-gne pos-san-za mor-
fear not! That ray shines up - on me And no pow-er that spell can re-
dim.
pp
- tal.
more.
(la trattiene con forza e con passione.)
(he detains her forcibly and passionately.)
ARIOFARNE.
ARIOPHARNES.
dolce
Fer-ma, un ul-ti-mo is-tan-te. Deh! a -
Yet stay! and let me en-treat thee. Ah! con -
ppp

poco ritenuto
-spet - ta! Mi sor - ri - di, sem-bian - te di - vin!
-sent, love, And thy smile will o'erwhelm me with bliss
pp a tempo
ERO.
HERO.
Ven-
Thy
(con cupa solennità.)
(solemnly.)
pp
Vuoi ven - det - ta od a - mo - re?
Wilt thou choose love or ven - geance?
poco ritenuto
Presto.
-det - - ta!
ven - - geance!
(con accento fatale.)
(with deadly menace.)
È se - gna - to il tuo bu - jo des - tin.
Then thy doom is be - yond re - call.
Presto.
a tempo
ff molto espressivo e animato

(ERO sola assorta ne' suoi pensieri s'avvia verso l'altare.)
(*HERO alone: lost in thought she moves towards the altar.*)

ERO.
HERO. Lento. p

Se-gna-to è il mio des-tin? Ei l'ha se-
My doom be-yond re-call? He has de-

-gna-to, quell'uom mal-va-gio? Io fol-le son;____ il
-creed it, That man re-venge-ful! Oh! this is mad-ness; what

58

fa - to non è   co - sa del - l'uom.____   Cer-co un pre-sa-
fol - ly! No man rules o - ver fate____   what says the o-

(vede una conchiglia sacra fra le offerte dell'altare, la coglie, la scruta religiosamen-
(takes up a shell from amongst the votive offerings at the altar, gazes at it devoutly and

Presto.

- gio.
- men?

leggiero

-te poi l'avvicina all'orecchio.)
then holds it near to her ear.)

ff

10260

Allegretto moderato e tranquillo.
pp legato e semplice
ERO.
HERO.
a tempo dolce e semplice
Con-chi-glia ro-se-a del pa-trio
Fair shell of the sea Ra-diant and
pp a tempo
li-do, pic-co-lo ni-do del va-sto mar Del-l'al-ma
ro-sy, With ten-der kis-ses Of o-cean deep. Cra-dle so
poco rit. a tempo
Ve-ne-re cul-la e flot-ti-glia, ro-se-a con-chi-glia. In
co-sy Of A-phro-di-te, Shell fair and ro-sy. In

60

te ri-cir-cu-la-no mil-le vo-lu-te che fan che mor-mo-ri-no
all thy wind-ing ways Mur-mur and min-gle All the long si-lent lays.....

cresc. e rit. *dim. e molto rit.*

fin l'au-re mu-te. tu can-tie sfol-go-ri, co-ro frai co-ri,
Of spray and shin-gle. In thee a choir blest Seems to be sing-ing,

rit. - - - col canto

a tempo *a tempo* *pp*

o-ro fra glio-ri del sa-cro al-tar........ La-pi che
Un-to me bring-ing A hope of rest._____ Bees that go

ppp a tempo

ron - za-no fra-glio-le-an - - dri, ne' tuoi me-
hum - ming 'Mid o-le-an - - ders In sun-lit

- an - - dri c - don-si an - cor. Un tril - lo e -
hours In thee I hear. And trills Æ -

- o - - lic, in te bis - bi - glia, un tril - lo e -
- o - - lian There soft - ly whis - per, and trills Æ -

delcissimo e poco rit.

- o - - lo, ro - se - a con - chi - glia.
- o - - lian Shell fair and ro - sy. The

poco rit.

dolce cantabile espressive legato

En - tro ti pal - pi - ta - no le net - tu -
mer - - maid 'neath the waves With sea - weed

dolce

pp a tempo

10260

-ni - ne Nin - fe, che av - vin - co - lan - si d'a - - li - ga
in her tres - ses, Un - to thy throb-bing heart Her
il cri - - ne, e tut - ti i
soul con - fes - - ses. There dwell the
zef - fi - ri pel cie - lo er - ran - ti
winds that blow In ev' - ry gen - tle breeze,
e tut - ti i can - ti del pes - ca - tor.
And all the ebb and flow Of all the seas.
p
rit.
pp
ppp ritenuto

pp quasi parlato
Dim-mi l'o - ra-co-lo di mia for - tu-na, tu del-la
Tell me what Des-ti-ny May plan or pleasure, Thou pride and
a tempo pp legato e semplice
du - na e-con splen-dor Par-la, la ver-gi-ne cu-pi-da o-ri-glia
trea - sure Of sea and shore Tell me, so ea-ger-ly Lis-tens the mai-den,
poco rit.
molto rit.
pp rit.
molto rit.
a tempo
p
ro - - se-a con - chi-glia,
Shell fair and ro-sy. Ah!
a tempo
ten. pp rit.
ro-se-a con - chi - glia.
Fair ro-sy shell.
dim.

64

Più mosso.

(avvicina l'orecchio alla conchiglia e rimane còlta da orrore, da visione profetica.)
(bends nearer to the shell and is struck with horror at the prophetic vision.)

pp leggiero

declamato

Par-la   e   che? _____   Tur - bi - na - no scon-vol-te
Tell me,   dis - may! _____   the   waves a-round Are wild-ly

a tempo   sostenuto   a tempo

l'on - - - de! crol-lan ri - gur - gi-ta-no   al- tee pro-
whirl - - - ing. They crash profound   and__ high,   Foam up-wards

fon - - - - de.   E sull'e-quo-re-a   ter-ri-bil
hurl - - - - ing.   And o'er the surg-ing   rush Of the

ff

10260

ten.
i - ra
o - cean,
piom - ba la di - ra fu - ria del
Rage loud com - mo - tion, Thun - der and
tuon!
wrath!
fff
Allegro agitato.
molto animato e declamato.
Or - ror pro - fe - ti - co!
Oh! dread pre - sen - ti - ment!
ff marcato
Rom - bo bie - co! Ter - ri - bil
Dark fore - bo - dings! Dan - gers a -

e - co! Ri - - a vi - si - on!
-larm - ing! Vi - sion of hor - ror!
Fug - gi! Ri - a vi - si - on!
Be - gone! vi - sion of dis - may!
Fug - gi! Ho u - na la - gri - ma
Be - gone! sad tears are flow - ing Fast
Sul - le mie ci - glia, fug - gi,
from my eye - lids, Be - gone
ff

Ri - a vi - si - cnl____ Te - tra con -
Vi - sion of dis - may ____ *Shell dark and*

(getta la conchiglia inorridendo.)
(horrified, flings away shell.)

- chi - - - - - - - - - - - - glia.
dread - - - - - - - - - - - - ful!

ff

riten. e dim.

(LEANDRO penetra occultamente dal fondo della scena e contempla ERO. ARIOFARNE che ritorna dalla parte opposta lo scorge. Il seguente dialogo tra LEANDRO e ARIOFARNE avrà luogo tutto nel fondo a voce bassa. ERO si sarà seduta in un canto della scena preoccupata ne' suoi presentimenti e non vede i due che parlano.
(LEANDER enters at back of stage unobserved and gazes at HERO. ARIOPHARNES returning from the opposite direction sees him. The following dialogue between LEANDER and ARIOPHARNES takes place in an undertone right at the back of the stage. Hero, seated apart absorbed in thought, does not see them.)

Moderato tranquillo.   (a Leandro con ironia.)
ARIOFARNE.   *(to Leander ironically.)*
ARIOPHARNES.   *p quasi parlato.*

Ri - co - no - sco i nu - mi - di - ci cor-sie-ri
I per-ceive the Nu - mi - dian horse - men.

p legato   *p legato*

10260

68

al vo-lo ga-gliar-do, ed al tur-ban-te i si-ri-a-ci guerrie . . . ri,
By their__ charg-ers, and by their tur-bans The__ bold Syrian war - riors,

e ri - co - nos-co il gio-vi-net-to a-man-te a un
And I dis- cov- er the fond and youthful lov- er By the

se-gno ma-li-ar-do che il mi-se-rel-lo por - ta nel lo
glan-ces that be - to-ken That his hap - less fol-ly yet re-mains un -

LEANDRO.
LEANDER.

(Per - du - toio so - no)
A - las! dis - cov-er'd!

sguar - do. Nel var-car que - ste
-spo - ken. It is death here to

10260

porte in o-ra vie-ta-ta Sa-i che af-fron-ti la mor-te
en-ter In hours for-bid-den, Know-est thou thy crime and thy pe-ril?

(fiero.)
(proudly.)
so ne te-mo.
know and fear not.

A-do-le-scen-te e-ro-e tu mer-tiil per-
O young and va-lorous warrior Thy par-don I

-do-no, all' a-do-ra-ta fan-cint-la io t'ab-ban-do-no.
grant thee, and so I leave thee To her sweet fas-ci-nations.

(Ahi-mè! va-cil-lo.)
(Ah, me! I trem-ble.)

Si au-dace per la mor - te e si pu-
Thou art for death so dar - ing, and yet so

- sil - lo per l'a - mor! Fa cor.
cra - ven Art for love. Take heart.

Di Daf-nie Clo - e rin-no-vel - li-siil
Of Da-phne and Chlo - e Re - new once more the

ca - so e quel-lo stes-so fuo-co vo-ra-ce la ver-gi-ne ac-
sto - ry, and may the self-same Fire en-kin-dle the vir - gin's

- cen - da che in te ba - le - maa - des - so. (Sol -
bo - som That burns in thee al - rea - dy. Then,

(si allontana.)
(going off.)
- tan - toal-lor ven - det - ta a - vrò,
on - ly then, my ven - geance shall prove

pp   cresc.

(esce.)
(exit.)
tre - men - - - da.)
ap - pal - - - ling

dim.   pp

senza rallentare morendo

Lento tranquillo.

LEANDRO.
LEANDER. *dolcissimo cantabile.*

poco rit. e pp

E - ro so - a - ve dal vol - to ce - les - te _____ sul - le tue guan - cie u - na
He - ro with fair and hea - ven - sweet face _____ Tell me why _____ there's a

p *legato*

poco rit.

Poco più lento.

ERO.
HERO. *dolcissimo e legato* *poco rit.*

Le - an - dro pi - o _____ dal - le pu - pil - le me - ste,
O kind Le - an - der _____ with eyes of gen - tle sor - row

stil - la, per - chè?
tear on thy cheek?

Poco più lento.

pp *dolcissimo*

a tempo
pp

poco rit.

Tempo I.

tu per - chè vie - ni _____ a - ma - bil - men - te a me?
Why com'st thou hi - ther _____ so fond - ly me to seek?

dolce

Ven - go a te, per -
Here I come be -

Tempo I.

a tempo

poco rit.

10260

poco rit.
a tempo
-chè al fior d'u-na giun-chi-glia chie-si se m'a-mi, e
-cause I ask'd a jon-quil flow-er If thou didst love me, a-
poco rit.
col canto
a tempo
ERO.
HERO.
a tempo dolcissimo espressivo.
Pian-si per-chè u-n'e-bur-ne-a con-chi-glia
I wept be-cause a pearl-y shell did bring me
rit. molto
mi ri-spo-se: no
-las, it an-swer'd: "No."
rit. molto
a tempo
pp
vo-ce mi die-de on-de il mio cor tre-mò.
Ti-dings that fill'd my trembling heart with woe.
fp
La con-chi-glia men-tì
False-ly spoke the shell
f

74

Su - glio - ra - co - llin - com - be __ al - to mis-
O'er in - scru - ta - ble o - mens, mys - te - ry

ma non il fio - re __
but not the flow - er __

dim. e poco rit.

dim. e poco rit.   pp   *sempre un poco   riten.*

- ter.
reigns __   *cantabile a tempo*

Se par - la A-mor non ha mi - ste - ri il co - re __
If love but speaks, the heart to glad - ness wa - kens.

mf a tempo

dolcissimo   *cresc. e animando*

Se par-la il co - re ha mi - ste - ri il pen-sier.
When speaks the heart, thought to rap - ture at - tains.

Ve - di, mi - ste - ri
In the shade the

cresc. e animando

p

10260

un poco

cresc.

-o-sa è la vi-o-la, Sotto al-l'er-bee nel-l'ar-nia è asco-soil miel
vi-o-let is hid-den, While with-in the hive sweet ho-ney lies.

un poco

LEANDRO. (con effusione.)
LEANDER. (enthusiastically.)

Dol-ce pen-sie-ro vuol dol-ce pa-ro-la.
Each fond and ten-der thought de-mands words as ten-der

mf espressivo

pp e riten.

Sco-pri il tuo cor poi ch'è sco-ver-to il ciel
Oh! let thy heart be o-pen as the skies.

pp e riten.

Allegro agitato non troppo mosso.
espressivo

Ben tu sve-li la pom-pa del-le
How the sun-beams dwell ev-er in thy

pp espressivo

10260

chio-me mo - stran - do i bei biondeggia - men - ti al
tres-ses In all the glo - ry of their gold - en
sol
glow.
ERO.
HERO.
O co-me gua-ti co - me par - li
Oh! how thy glances move and thrill me,
O co - me strin - gi la man più
Oh! love, how ma - gic. the fervour, the
espressivo
pp
che pie-tà non suol!
fervour they be - stow
LEANDRO.
LEANDER.
Il dai-no mor-de al fio-ren-te ci -
The roe will browse on the flow-er-ing

pp cantabile
-ti - so, l'a-pe vo - la al-la ro - sa e
hea-ther, Bees hov - er round the ro - - ses, waves
pp
l'on-da al pia - no, e il mio vi - so s'af - fig-ge nel tuo
woo the land, So my heart un - to thy heart clings
vi - - - so, e la mia man
ev - - - er, And so my hand
pp
ri - cor-re al-la tu-a ma - no.
must ev - er seek thy hand.

ERO.
HERO.
dolce cantabile
Dal - - le tue lab - bra sgor - ga la fa - vel - la
Dear - - - est, thy lips im - part to each word spo - ken
p
più d'u - n'an - fo - ra dol - ce e più vi - tal
Sweet - ness that hu - man lips ne'er ut - ter'd yet.
LEANDRO.
LEANDER.
animando sempre e cresc.
Per mil - le a - spet - ti
Oh! thou art love - ly
animando e cresc.
con grande espress.
mil - le vol - te bel - la vir - gi - nal - men - te can - di -
in a thousand pha - ses, So pure and ho - ly, vir - gin -
cresc. molto
molto espress.
cresc. sempre
molto largamente
- da e fa - tal. Ahi! per - chè
- al and di - vine. Ah! doom ill -
cresc. sempre
molto largamente
ff con tutta l'espressione

ERO.
HERO.

nac - cqui sull' op - pos - to li - - - - - - do d'A - sia
-fa - ted! we, a-las, are part - - - - ed, part - ed

O_ dio il mar che sta_ fra Tra-cia_ e A-bi-do,_ Ahi!mar cru-
I hate the_ wa - - ters that keep us a-sun-der_ Oh! cru-el

cu - i ro-dee - ter._ ... no_ e-ter-no_ ma-reg-
By cru-el, cru-el wa - - ters, I must strive to con-quer_ ev - er-

-dell_ Ahi! spa-ven-to - so ma-re!_
sea,_ so dan-ger-ous and dread-ful.

-giar E per que-st'o dio io
-more! And for this ha-tred I

LEANDRO.
LEANDER.

sempre rit. *poco affrettando*

t'a - mo e dei pro-fon-di flut-ti di - sfi-do l'in - vi - do fu-ror.
love thee and I a-dore thee, And all the an-gry wa-ters I de-fy.

poco affrettando   *molto rit. e pp*

Lento.
dolcissimo espressivo

Nel no-stro ba-cio s'u - ni - ran due mon-di
In our em - bra-ces are two worlds u - nit - ed

ppp armonioso

ppp

due mondi s'a - me - ran nel no - stro a - mor.
Two worlds in our love their troth have plight-ed.

Molto lento.

pp espressivo

ppp

10260

molto espressivo

pp   dim.

ERO.
HERO.   *pp dolcissimo*   *pp e rit.*

Le - an - dro splende   l'e - te - re   al   par_____ fu - no - ri -
Le - an - der, through the   e - ther space   What   gold - en lights are

Violino Solo.
ppm   *rit.*

pp   *pp e rit.*

a tempo
pp

fiam - ma_____   E   mi tra - spor - ta   l'e - sta - si
flam - ing_____   Thrilling me with   their   ra - diant grace,

a tempo   rit.   a tempo

a tempo   *pp rit.*   a tempo

F

riten. *pp a tempo*

nel raggio d'u — na fiam — ma. Spi - ra su me l'am-
Love's wondrous joy pro-claim — ing. *On me they shed the*

riten. *a tempo*

dim. *pp*

con anima allargando

cresc.

-bro-sia del Nu — me ed un no-vel vi-bra so-no-ro
blessing Of migh — ty gods on high. There vibrates a blissful e-

cresc.

cresc. *allargando* *dim.*

molto riten. *lunga*

pal — pi-to_____ nel sol,___ nel mar, nel ciel.
mo — — tion_____ O'er earth, o'er sea, and sky.

ppp e molto riten.

LEANDRO.
LEANDER.
E - ro! il sem - bian - te ma - gi - co fig - gi a la mia pu - pil - la. È
He - ro! all thy beau - ty ma - gi - cal Steep in my fer - vid glances. Thy
legato
mf
allargando
rit.
a tempo
là che la tua i - magi - ne più vagamente brilla. Dal tuo bel vi - so
gaze holds all my heart in thrall And all my life en - hances. Let thy sweet looks re -
dim. e rit.
a tempo
allargando
mf
pio - ve - mi u - na se - re - na al cor so - a - - vi - tà di
- veal to me The dawn-tide of thy heart, Like breath of sum - mer

ERO.
HERO.
Le-an-dro! Splen-de l'e - te -
Le-an-der, through the e - ther
dim. e rit.
balsa-mi, me-lan-co-ni a d'a - mor
breez-es. Love's rapture to im - part
dim. e rit.
pp
pp espressivo
ppp
-re al par d'u-n'o - ri - fiam - ma! E mi traspor-ta
space What gold-en lights are flam - ing! Thrilling me with their
l'e - sta - si nel raggio d'u - na fiam - ma.
ra - diant grace, Love's wondrous joy pro - claim - ing.
pp
dim.

ERO.
HERO. *pp dolcissimo*

Spi - ra su me l'am - bro - sia del Nu - me
On me they shed the bless-ing Of migh - ty

LEANDER.
LEANDER. *pp dolcissimo e legato*

Dal tuo bel vi - so pio - ve - mi u - na se -
Let thy sweet looks re - veal to me The dawn -

pp a tempo
cresc.

con anima allarg.

ed un no - vel vi - bra so - no - ro
gods on high. There vi-brates a bliss-ful e -

-re - na al cor so - a - vi - tà di bal - sa -
-tide, the dawn-tide of thy heart, the dawn -

con anima allarg.

rit. molto e pp

pal - pi - to nel sol, nel mar
mo - tion O'er earth, o'er sea,

rit. molto e pp

mi me-lan - co - nia d'a-mor d'a - mor
-tide Love's rap - ture to im - part The dawn

rit. molto e pp

10260

sempre rit. e ppp   a tempo   morendo

nel   ciel.
and   sky.

sempre rit. e ppp

d'a -   mor.
of   love.

sempre rit.

ppp a tempo   morendo

(Si ode la fanfara di ARIOFARNE. Ma ARIOFARNE sarà già entrato in scena e si sarà nascosto dietro la statua d'Apollo.)
(*Flourish of trumpets heralding the approach of ARIOPHARNES, but ARIOPHARNES has already entered and concealed himself behind the statue of Apollo.*)

Marziale sostenuto.

ERO.
HERO.   *declamato con agitazione*

Scen - de dal   col - le   la   fan - fa - ra   sa - cra   che il
Now in the   dis - tance sounds the   sa - cred   trum - pet   The

ff

po - po - lo   ra - du - na. Ah! fug - gi,   fug - gi   È A - rio - far - ne con
peo - ple to   as - sem - ble. Ah! leave me,   es - cape,   A - rio - phar - nes is

es - sa.
with them.

LEANDRO. *poco rit*
LEANDER.

dolce cantabile

An-co un' i - stan - te, Questo fio-re ch'io svel-go ti ram-
Stay, yet a   mo-ment Let this fair o-le - an-der re -

poco rit.

mf a tempo largamente

molto rit. e pp

(esce.)
(exit.)

men-ti il mio no-me e l'a - mor._____
-mind thee Of   me   and my   love._____

molto rit.| e ppp

ppp

Lento (come prima.) ERO.
HERO.

rit. a piacere

Un dol - - ce so-gno so-gna-; che
I wake_____ from dreaming A   dream   of

ppp armonioso

rit. col canto

88

10260

nacque sve-la-mi la sor-te: qual' è l'o - ra - col tu-o?

waken'd, pray the fate fore-tell me: Let thy de - cree be spoken!

ppp

ten.

ppp

pp

Fa - vel-la

Pronounce it

(con voce cavernosa dietro il simulacro senz'essere visto da ERO.)
(in a sepulchral tone from behind the statue, without being seen by
HERO.) ARIOFARNE.
ARIOPHARNES.

Mor-te.
Death.

ff

(ERO fugge inorridita, ARIOFARNE la guarda con atteggiamento feroce. La fanfara squilla fragorosamente.)
(HERO hurries away horrified ARIOPHARNES gazes at her with fury. Loud flourish of trumpets.)

fff squillante

(cala la tela.)
(curtain.)

10260

ACT II.

L'AFRODISIO.
THE APHRODISIUM.

Parte del tempio di Venere consacrata ai misteri—splendidamente illuminato da candelabri e da torcie. —
ARIOFARNE con fulgida pompa di vestimenti seduto su d'un trono.   ERO e LEANDRO discosti.
Presso ARIOFARNE schierati un Jerofante coperto di porpora e col diadema, il Dadùco portante una
flaccola, l'Epibomo il quale erge sulle braccia una piccola statua, d'argento della Dea, l'Idràno col-
l'acqua della purificazione, i Cantori, i Citarèdi, quattro Terauleti coi flauti sacri, le trombe sacre, i
Pirofori coi tripodi ardenti.   Nel fondo l'altare di Venere altissimo, più bassi gli altari d'Apollo e di
Bacco.

Part of the Temple of Venus consecrated to the Mysteries — brilliantly illuminated by lamps and torches.
ARIOPHARNES arrayed in magnificent robes is seated on a throne.   HERO and LEANDER stand at a little
distance.   Near ARIOPHARNES are a Hierophant in purple robes wearing a diadem, the Daduchus carrying a
torch, the Epibomios holding in his arms a small silver statue of the goddess, the Hydranos with the water for
purification, the Singers, the Harpers, four players with the sacred flutes, the sacred trumpeters, the fire-bear-
ers with their blazing tripods.   Up stage the altar of Venus raised high aloft, and the altars of Apollo and of
Bacchus lower in height.

10260

fp
(Trombe, Fl. e Trian. dietro la tela.)
dim.
pp (Orch.)
(Trombe, Fl. e Trian. dietro la tela.)
dim.
CORO DIETRO LA TELA.
CHORUS WITHIN.
Soprani.
p
A - ve!
Hail thou!
Contralti.
A - ve!
Hail thou!
Tenori.
A - ve!
Hail thou!
Bassi.
A - ve!
Hail thou!

A - ve!
Hail thou!

A - ve!
Hail thou!

A - ve!
Hail thou!

A - ve!____
*Hail thou!*____

piano e legato

A - ve,o stel - la va - ga - bon - da Dei tramon - ti e de - gli al - bor.
Hail, thou star that bright - ly wand'rest From the sun - set to the dawn.

A - ve,o stel - la va - ga - bon - da Dei tramon - ti e de - gli al - bor.
Hail, thou star that bright - ly wand'rest From the sun - set to the dawn.

A - ve,o stel - la va - ga - bon - da Dei tramon - ti e de - gli al - bor.
Hail, thou star that bright - ly wand'rest From the sun - set to the dawn.

A - ve,o stel - la va - ga - bon - da Dei tramon - ti e de - gli al - bor.
Hail,thou star that bright - ly wand'rest From the sun - set to the dawn.

Or sui mon-ti ed or sul-l'on - da di-sfa - vil - la il tuo ful - gor,
Now o'er waves and now o'er moun-tains Is thy ra-diance sweet-ly drawn.

Or sui mon-ti ed or sul-l'on - da di-sfa - vil - la il tuo ful - gor,
Now o'er waves and now o'er moun-tains Is thy ra-diance sweet-ly drawn.

Or sui mon-ti ed or sul-l'on - da di-sfa - vil-la il tuo ful - gor,
Now o'er waves and now o'er moun-tains Is thy ra-diance sweet-ly drawn.

Or sui mon-ti ed or sul-l'on - da di-sfa - vil-la il tuo ful - gor,
Now o'er waves and now o'er moun-tains Is thy ra-diance sweet-ly drawn.

poco rit. *a tempo*

O - gni rag - gio in cui sa-du - na o-gni gau-dio ed o-gni duol,
In thy ray, both grief and glad - ness Soft-ly min-gle and pre-vail.

O - gni rag - gio in cui sa-du - na o-gni gau-dio ed o-gni duol,
In thy ray, both grief and glad - ness Soft-ly min-gle and pre-vail.

O - gni rag - gio in cui sa-du - na o-gni gau-dio ed o-gni duol,
In thy ray, both grief and glad - ness Soft-ly min-gle and pre-vail.

O - gni rag - gio in cui sa-du - na o-gni gau-dio ed o-gni duol,
In thy ray, both grief and glad - ness Soft-ly min-gle and pre-vail.

poco rit. *a tempo*

fp fp 10260 fp

dim. e legato

U - na la-gri-ma al-la lu - na   e un sor-ri - so ag-giun-ge al   sol.___
Thou dost add a   smile to sun-light   And a tear___ to moonbeams   pale.___

dim. e legato   **pp rit.**   **ten.**

U - na la-gri-ma al-la lu - na   e un sor-ri - so ag-giun-ge al   sol.___
Thou dost add a   smile to sun-light   And a tear___ to moonbeams   pale.___

dim. e legato   **pp rit.**   **ten.**

U - na la-gri-ma al-la lu - na   e un sor-ri - so   ag-giun-ge al   sol.___
Thou dost add a   smile to sun-light   And a tear___   to moonbeams   pale.___

dim. e legato   **PP rit.**   **ten.**

U - na la-gri-ma al-la lu - na   e un sor-ri - so ag-giun-ge al   sol.___
Thou dost add a   smile to sun-light   And a tear___ to moonbeams   pale.___

a tempo

fp

A - ve, o   De - a,
Hail, O   god-dess,

A - ve, o   De - a,
Hail, O   god-dess,

A - ve, o   De - a,
Hail, O   god-dess,

A - ve, o   De - a,___
Hail, O   god-dess,___

fp   **fp**   **dim.**

fp   **fp**

10260

f a voce spiegato
dim.
Del no-stro san-gue tu sei bal-sa-mo e ve-len.
That un-to mor-tals Hast the gift of balm or bane.
fp
subito e dolcissimo
ppp
cresc.
allargando
lie-to è l'uom che per te lan-gue col tuo fas-ci-no nel sen. Se-i nel
Blest is he whose ar-dent pas-sion By thy spell may fa-vour gain. In the

pian-to e fra le stri-da Be-ne-det-ta, Be-ne-det-ta, o De-a
time of wail and weep-ing, God-dess fair,___ god-dess fair,___ to thee___

pian-to e fra le stri-da Be-ne-det-ta, Be-ne-det-ta, o De-a
time of wail and weep-ing, God-dess fair,___ god-dess fair,___ to thee___

pian-to e fra le stri-da Be-ne-det-ta, Be-ne-det-ta, o De-a
time of wail and weep-ing, God-dess fair,___ god-dess fair,___ to thee___

pian-to e fra le stri-da Be-ne-det-ta, Be-ne-det-ta, o De-a
time of wail and weep-ing, God-dess fair,___ god-dess fair,___ to thee___

d'a - mor.___
we cry.___

d'a - mor.___
we cry.___

d'a - mor.___
we cry.___

d'a - mor.___
we cry.___

ff a voce spiegata
mf
f
A - ve,o stel - la va - ga - bon - da dei tra-mon-ti e de-gli al-bor,
Hail, thou star that bright - ly wan-d'rest From the sun-set to the dawn.
cresc.
Or sui mon-ti ed or sul-l'on - da di-sfa - vil-la il tuo ful - gor.
Now o'er waves and now o'er moun - tains Is thy ra-diance sweet - ly drawn.

poco rit.
a tempo
ff
Sei nel pian - to e fra le stri - da be-ne-det-ta, o Dea d'a-mor;
In the time of wail and weep - ing, God-dess fair, to thee we cry,
fp
poco rit.
pp
be-ne-det-ta, o Dea d'a-mor;
God-dess fair, to thee we cry.
A - ve, o Ve - ne-re o-mi-
Hail, O Ve - nus death com-

rit. — — rit. molto a tempo

- ci — da! lie to è l'uom che per te muor.
- pel — ling, All for thee are glad to die!

- ci — da! lie to è l'uom che per te muor.
- pel — ling, All for thee are glad to die!

- ci — da! lie to è l'uom che per te muor.
- pel — ling, A for thee are glad to die!

rit. — — rit. molto a tempo

- ci — da! lie to è l'uom che per te muor.
- pel — ling, All for thee are glad to die!

fp   *fp*

(Si alza la tela.)
(The curtain rises.)

(Orch.)
pp a tempo

10260

DANZA SACRA. | *THE SACRED DANCE.*

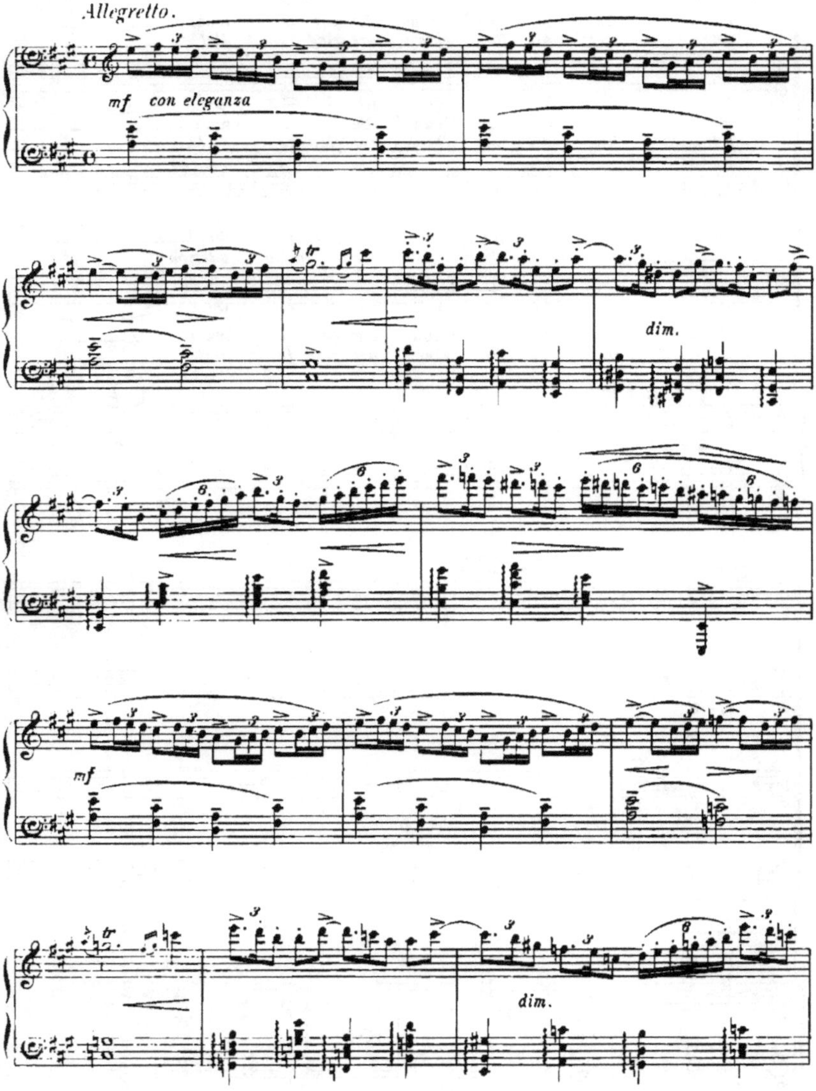

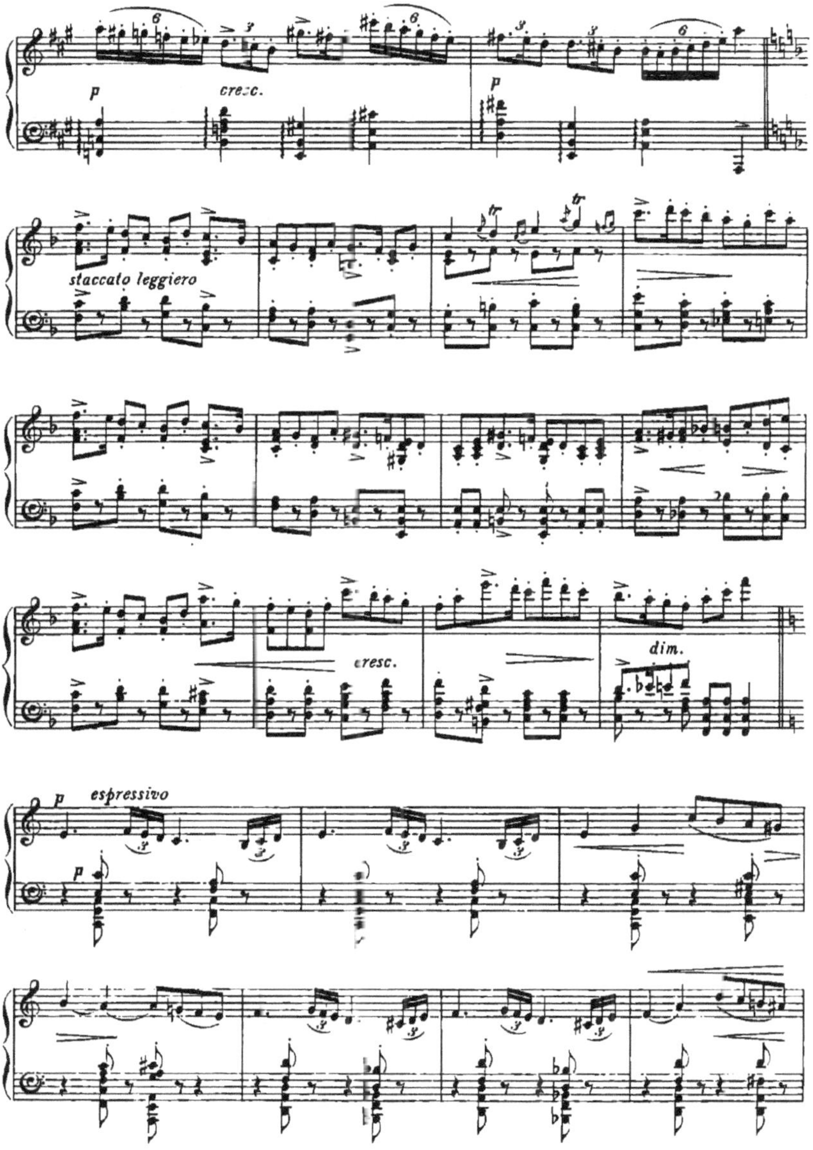
p
cresc.
p
staccato leggiero
tr
tr
cresc.
dim.
p
espressivo
p

p
cresc.
cresc. molto e molto
espressivo
cresc. sempre
pp
pp
p staccato leggiero
tr
cresc.

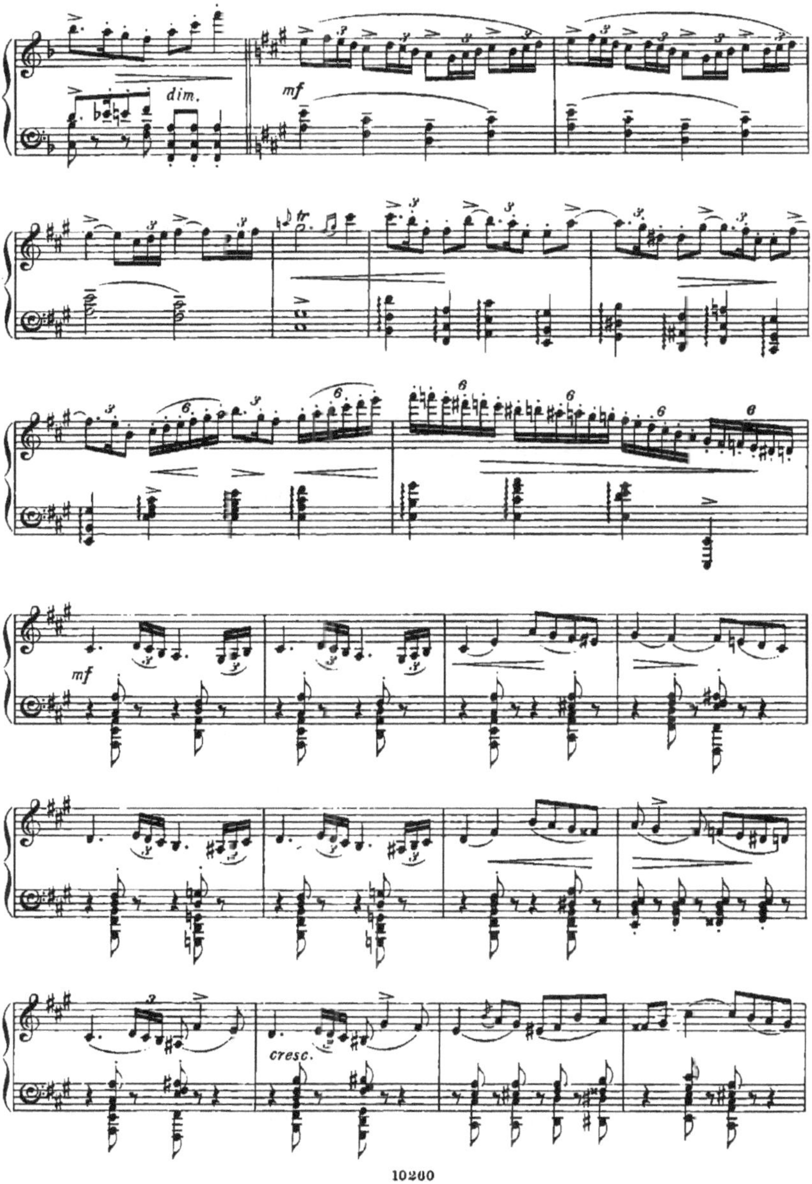
dim.
mf
tr
6
mf
cresc.

molto espressivo
dim.
pp
poco riten.
più riten.
mf
a tempo
poco rit.
a tempo
poco rit.
a tempo
pp
ppp

Allegro maestoso.
ARIOFARNE.
ARIOPHARNES.
declamato largamente
O po - - po - lo di
O wor - - ship-pers of
ff
dim.
a piacere
Ve - - ne-re! for - mo - se Sa-cer-do-tes-se, Sa-cer-
Ve - - nus! O fair and Most graceful virgins, men of
a tempo
dim.
a piacere
-do - ti, u - di - te. Io vi con-
wis - dom, now hear me To this most
pp
(A ERO che s'accosta.)
(To HERO who draws near.)
dolcissimo
-ve-gno ad un an-ti-co ri-to. E-ro gen-til, t'ap-pres-sa.
an - cient rite I do con-vene you. He-ro, sweet maid, draw near-er
pp a tempo
pp

(fra sè.)
(aside.)

(a tutti.)
(aloud.)

(Ah per l'a-ver-no non mi sfuggi) La De - a par - lò,
(Ah by A-ver-nus flight is hopeless) The god - dess de - creed

a tempo

l'o-lim-pia fa - vel - la   su - a si di-sa - sco - se
Her o - ra - cle ho - ly I now will clear-ly un - fold you.

Allegro moderato.

e dis - se: "In mez-zo al mar sie-de u-n-an-ti-ca
She spake thus: "A - - mid the waves stand-eth an an-cient

dim.   pp e staccato

tor - re, la tor-re del-la ver-gi-ne chia - ma - ta. Nel se-col
tow - er, And it was called the Tow-er of the Vir - gin in a-ges

colla voce

d'o - ro, e là, nu - da sul ba - ra - tro
gold - en. It stands out of the foam-ing deep,
a tempo
mf
cresc.
spu - man - te sta fra gli sco - gli e le Ci - cla -
So bare and gaunt 'mid the rocks and the Cy - cla -
- di, do - v'è più ir - re - mea - bi - le El - le - spon -
- des, Where Hel - le's tide runs dan - ger - ous and storm -
cantabile legato
- to. Ne - gli au - rei tem - pi ver - gi - ne ro - mi - ta i - vi la
- y. In gold - en a - ges there a lone - ly vir - gin Was wont to
mf cantabile legato

ca - sta Ve - ne - re a - do - ran - - do, sa - cri - fi - cio pu -
wor-ship love-ly A-phro-di - - te, *Mak-ing un - to the*

- di - co ai Nu - mi of - fri - va del-l'in - tat - - te sue for - me;
gods a chaste o - bla - tion of her vir - gin - al beau - ty;

— e quel - la pi - a de-gli a - mo - ri del mondo e-spia-tri - - ce,
—— that ho - ly maid-en Earth-ly love and passion ex-pi - a - ted,——

ba - sta - va so - - la con un suo so-spi - - ro o
For she had on - - ly with one sigh of an - guish Or

con un suo sor - ri - - so a far pla - ca - - -
with one smile of plead - ing, To calm and soft - - -
ff
- ta l'in - vi - dia del - l'O - lim - - - po e a se - re - na - re la tem -
- en the an - ger of O - lym - - - pus, And pa - ci - fy the wildest
- pe - - sta dei flut - - ti.
fu - - ry of o - - cean.
dim.
dim.
ppp
mf
Af - fin - chè tor - ni la
For the re - vi - val Of
mf

110

pri - ma e - ta-dee l'u - ni - ver - so bion do___ per u - ber-to-se
that fair and hap-py time of ear - - ly sto-ry___ And most a-bundant

mes - si, Io vo che il ri -
har - vest, I shall the pro -

cresc.   *pp*

-to del - la ver-gi - ne s'in - no - - vi___
-vince Of that vir - gin re - es - tab - - lish,___

mf

e che la tor - re la sua vit - ti-ma ac-col-ga." E dis - se___
and thus the rock A - gain its vic - tim shall wel-come."___ With these words,

poco riten.

p   *poco riten.*

10260

più riten. ____ *a tempo*

e spar - - ve. ____
she van - - ish'd! ____

pp *più riten.* *ppp* *a tempo*

solenne a piacere

O - ra a far pie - no il vo - to del - la De - a.
Now to ac - com - plish the man - date of the god - dess.

(Tutte le parole chiuse da parentesi ARIOFARNE le mormora occultamente a ERO. Il resto lo dice
(All the words in parenthesis are murmured by ARIOPHARNES aside to HERO. He speaks the rest in a

dolce *quasi parlato*

E - ro gen - til ____ (ti pen - ti), t'av - vi - ci - na.
He - ro, sweet maid, ____ *(re - pent thee) now ap - proach me.*

L'istesso movimento.

pp dolce espressivo

con voce alta e sonora perchè sia udito da tutti.)
loud voice so as to be heard by all.)

quasi parlato

(Ve - di o - ve ten - do? hai tem - po an - cor) Sul - l'a - ra ____ sa - li con
(See'st thou my purpose? There yet is time.) The al - tar ____ mount with

10280

quasi parlato
me. (O in un car-ce-re e-ter-no O nel ta - la-mo mi-o. scegli,
me. (In a dungeon e-ter-nal, Or ac-cept my em - braces. De-cide!
(ERO a bassa voce ad ARIOFARNE tentando svincolarsi.)
(HERO in an undertone to ARIOPHARNES endeavouring to evade him.)
pp
(La - scia-mi in - fa - - me!)
(Leave me, thou trai - - tor!)
(ad alta voce con serenità.)
(loudly and calmly.)
è an-cor tem-po) Ar-da-no l'am - bre e o -
time is fleeting.) Fragrance of am - ber and
pp subito
-do - ri la ro-sa di Li - è - o
o - dour of ro-ses a - round us.
(a bassa voce ad ERO.)
(in an undertone to HERO.)
pp
(Se fug-gir ten - ti qui ti
(Dare not e - vade me or I
p dolce

(ERO Inorridendo.)
(HERO horror-struck.)
(Or-ror! Le-an-dro!)
(Oh hor-ror! Le-an-der!)
ba - cio le lab-bra) E sul-la li-dia
here will em-brace thee) And with the Ly-dian
cresc. a poco a poco
cresc. sempre e incalzando
ce-tra il bel Le - an - dro so - spi - ri un o - - -
cithern shall fair Le - an - der a sweet ode war - - -
cresc. sempre e incalzando
ERO.
HERO.
(Il car - ce -
(The dun - -
- de. (Scegli, scegli.)
- ble. (De-cide, de-cide,)
ff

LEANDRO si scaglia contro ARIOFARNE.
LEANDER attacks ARIOPHARNES.

(con voce tonante a ERO.)
(to HERO, loudly.)

Dal - le mie braccia pria ti di -
From my just vengeance none shall de-

Tu la Ver - - gi - ne se - i.
Then thou art _____ the vir - gin.

(atterrita.)
(terrified.)

Presto agitato.

O   Nu - mi!
O   *hea - ven!*

- fen - di!
- *fend thee!*

L'ar - res - ta - te, guerrie - ri.
Now ar - rest him sol - diers.

Soprani.
O   sa - cri - - le - gio!

Contralti. *What de - se - - cra - tion!*
O   sa - cri - - le - gio!

Tenori. *What de - se - - cra - tion!*
O   sa - cri - - le - gio!
What de - se - - cra - tion!

Bassi.
O   sa - cri - - le - gio!
What de - se - - cra - tion!

Presto agitato.

ff

10260

LEANDRO.
LEANDER.
declamato con forza
Il mon - do,il cie - lo, sel - vag-gio ar - con - te, e la tua
The world and hea-ven, thou fiend-ish Ar-chon and thy
rab-bia io sfi-do quel - la ver - gi - ne io
wrath I chal-lenge. That maid - en, I
l'a - mo.
love her.
ARIOFARNE.
ARIOPHARNES.
Il suo vi - go - re col nu-me-ro si fiac-chi.
Quick-ly his prow-ess o-ver-come by num-bers.
(Leandro è atterrato dalle guardie.)
(Leander is overpowered by the guards.)
Lento.
Ah! tu ga - reg - gi con Er - co - le al - la
Ah! thou would'st ven - ture with Her-cu-les to
riten. il tempo
ff e dim.
subito
pp
sempre ppp

lot - ta __ ep-pur sul suo - lo ec-co-ti, o for - te
wres - tle, __ and yet be-hold thee ly-ing prone, O brave one. __

(alle guardie.)
(to the guards.)

En - trog - gi e - gli sia re - so al - le spiag-gie d'A - sia,
This day let him be ta - ken to the shore of A - sia;

e sea-an-cor var-ca l'El-le-spon-to l'at-ten-da or-ren-da mor - te. __
if he should cross the Hel-les - pont, __ a cru-el death a - waits him. __

solenne

Da - te prin - ci - pio, o sa - cer-do - ti, al
Let us com-mence forth - with the rites most

10260

(ERO è rimasta sull' altare immobilizzata dal terrore. ARIOFARNE la or-
(HERO has remained at the altar, motionless with terror. ARIOPHARNES decks
ri - - to.
ho - - ly.
Largo religioso.
mf legato e catabile
na cogli oggetti sacri. LEANDRO è circondato da un gruppo d'armati.)
her with the sacred emblems. LEANDER is surrounded by the guards.)
dim.
ARIOFARNE.
ARIOPHARNES.
dolce cantabile e solenne
O sa - cra ver - - gi - - ne, le chio me
O maid su - preme - ly blest, Thy youthful
pp
d'o - ro col - l'a - cqua ma - gi - ca spar - go ed ir - ro - - ro.
brow With wa - ter ma - gi - cal I drench and sprin - kle now.

Ri - di e l'o - lim - pi - ca gio - ja pre - li - ba, al -
Smile and in - he - rit Ce - les - tial bliss, And
pp
dim
LEANDRO.
LEANDER.
Per-du-ta! o
Lost to me! Flow
poco riten.
a tempo
- l'au - reo ca-li-ce t'ap - pres - sa e li - ba.
let thy lips fond - ly The gold - en gob - let kiss.
poco riten.
a tempo
molto espressivo
la - gri - me sgor - ga - te! o cuor ti fran - gi
on sad tears for e - ver! My heart is bro - ken!
p legato
Le per - le pen - du - le T'or - ni - no il cri - ne, Lim - pi - de
Let pre-cious pearls a - dorn Thy gold - en hair, The lim - pid
molto espressivo

un e - su - le son del l'a - mor.___
An ex - - ile am I from. loves king-dom.

la - gri - me O - ce - a - -ni - ne. Cin - gi la
tears are they Of o - cean fair___ And don this

Già un va-sto o - ce - a - no sul mi o te - sor__ si
Now an o - cean wide Doth se - ver heart from heart, And

ful - - gi - da Lu - na fal - ca - ta, E il ve - -lo ar - gen-te - o,
co - - ro - nal Of crescent shape, And let the sil - ver veil___

dim.

dim. e riten. molto

chiu - se e un car - ce - re si chiu - de an - cor.
soon a dun-geon dark Shall keep our lives a - part.

O te be - a - ta.___
Thy fea - tures drape.___

dim. e riten. molto

(ERO come trasognata.)
(HERO as if in a dream.)

dolcissimo cantabile e legato

Più pres-so al lim - - pi-do cie - lo pro - fon - - - do
Far from the tu - - mult of earth - ly dole,

(con accento sinistro.)
(vindictively.)

pp

(Spesso dai culmi-ni del tuo ma-
(In thy a - bode With dread and

Soprani. *ppp*

Be - a - ta vit - ti - ma del ca - sto vel,
O bless - ed vic - tim of the ho - ly veil,

Contralti. *ppp*

Be - a - ta vit - ti - ma del ca - sto vel,
O bless - ed vic - tim of the ho - ly veil,

Tenori. *ppp*

Be - a - ta vit - ti - ma del ca - sto vel,
O bless - ed vic - tim of the ho - ly veil,

Bassi. *ppp*

Be - a - ta vit - ti - ma del ca - sto vel,
O bless - ed vic - tim of the ho - ly veil,

ppp

Lon - tan dal tor - bi-do fra - gor del mon - do
I shall dwell yon - der'Neath hea - ven's con - trol.
Per -
I
-nier ti de - sti l'u-lu-lo del-lo spar-vier.)
fear, The hawk's wild cry Oft wilt thou hear.)
pp
Per te già spi - ra-no l'au - re del ciel.
For thee ce - les - tial breez - es shall pre - vail.
Per te già spi - ra-no l'au - re del ciel.
For thee ce - les - tial breez - es shall pre - vail.
Per te già spi - ra-no l'au - re del ciel.
For thee ce - les - tial breez - es shall pre - vail.
Per te già spi - ra-no l'au - re del ciel.
For thee ce - les - tial breez - es shall pre - vail.

pp
Vi-vrò in un mi - - sti - co so - gno se -
Rapt in a dream With won - der
-du - ta! o la - - gri - me, sgor - ga - te! o
lose her! Flow on sad tears for e - ver. My
(Spes-so dai cul-mi-ni del tuo ma - nier
(In thy a - bode With dread and fear, The
Be - a - ta vit - ti - ma, be -
O bless - ed vic - tim, O
Be - a - ta vit - ti - ma, be -
O bless - ed vic - tim, O
Be - a - ta vit - ti - ma, be -
O bless - ed vic - tim, O
Be - a - ta vit - ti - ma, be -
O bless - ed vic - tim, O
pp

allargando
-ren, ma,o Dei! sal - va - te - mi sal - va - - te-mi Le-
rife But, O gods watch o - ver, watch o-ver Le-
cuo - - - re Ti fran - gi! un e - - - su - le
heart is bro - ken! An ex - - - ile am
Ti des-ti l'u-lu-lo del-lo spar-vier, ti des-ti
hawk's wild cry Oft wilt thou hear, The hawk's wild
allargando
-a - ta vit - ti - ma, Be - a - ta vit - ti - ma
bless - ed vic - tim, O bless-ed vic - tim
-a - ta vit - ti - ma, Be - a - ta vit - ti - ma
bless - ed vic - tim, O bless-ed vic - tim
-a - ta vit - ti - ma Be - a - ta vit - ti - ma
bless - ed vic - tim, O bless-ed vic - tim
-a - ta vit - ti - ma, Be - a - ta vit - ti - ma
bless - ed vic - tim O bless-ed vic - tim
allargando

poco rit.
a tempo
-an-dro al-men sal-va-te-mi Le-an-dro al-men.
-un-der's life, watch o-ver Le-an-der's life.
son dell' a-mo-re e-su-le dell' a-mor.
I, From love's king-dom. An ex-ile am I.
l'u-lu-lo del-lo spar-vier.
cry Oft wilt thou hear.
poco rit.
a tempo
pp cantabile legato
del ca-sto vel. Be-a-ta
Of ho-ly veil, O bless-ed
pp
del ca-sto vel. Be-a-ta
Of ho-ly veil, O bless-ed
pp
del ca-sto vel. Be-a-ta
Of ho-ly veil, O bless-ed
pp
del ca-sto vel. Be-a-ta
Of ho-ly veil, O bless-ed
poco rit.
a tempo
pp cantabile legato

Sal - va-te-mi Le -
Watch o - ver Le -
O la-gri-me sgor -
Flow on sad tears For
Spesso dai
In thy a -
animando e cresc. poco a poco
vit - ti-ma, Be - a - ta vit - ti-ma del ca-sto vel,
vic - tim, O bless - ed vic - tim Of the ho - ly veil,
vit - ti-ma, Be - a - ta vit - ti-ma del ca-sto vel,
vic - tim, O bless - ed vic - tim Of the ho - ly veil,
vit - ti-ma, Be - a - ta vit - ti-ma del ca-sto vel,
vic - tim, O bless - ed vic - tim Of the ho - ly veil,
vit - ti-ma, Be - a - ta vit - ti-ma del ca-sto vel,
vic - tim, O bless - ed vic - tim Of the ho - ly veil,
animando e cresc. poco a poco

-andro al-men,
-an - der's life,
-ga - - te,
ev - - er!
cul-mi-ni del tuo ma-nier, ti de-sti l'u- -lu-lo
-bode With dread and fear, The hawk's wild cry
Be - a-ta vit-ti-ma del ca - - sto
O bless-ed vic-tim Of the ho - - ly
Be-a-ta vit-ti-
O bless-ed vic -
Be - a-ta vit-ti-ma del ca-sto vel
O bless-ed vic - tim Of ho-ly veil,
Be - a-ta vit - ti-ma del ca-sto vel
O bless-ed vic - tim Of ho-ly veil,

cresc. e animando
riten.
Sal-va-te-mi Le-an-dro al - men
Watch o'er Le-an-der's life.
O la-gri - me sgor-ga - - te
Flow on sad tears For ev - - er!
del - lo spar-vier.
Oft wilt thou hear
riten.
vel per te già spi-ra - no l'au-re del ciel.
veil, For thee ce-les-tial Bree - zes shall pre-vail.
-ma del ca - sto vel.
-tim Of ho - ly veil,
riten.
per te già spi - ra-no l'au - re del ciel.
For thee ce - les - tial Bree - zes shall pre - vail.
per te già spi - ra-no l'au - re del ciel.
For thee ce - les - tial Bree - zes shall pre - vail.
cresc. e animando
riten.

a tempo

Più pres - so al lim - pi - do cie -
Far from the tu - mult, the tu -

Per-du - ta!o la - gri - me sgor-
I lose her! Flow sad tears For

ti de-sti l'u-lu - lo del-lo spar - - vier.
The hawk's wild cry Oft wilt thou hear.

a tempo (a voce spiegata.)

ff

Be - a - ta vit -ti - ma del ca - - sto
O bless - ed vic-tim Of the ho - - ly

ff

Be - a - ta vit -ti - ma del ca - - sto
O bless - ed vic-tim Of the ho - - ly

ff

Be - a - ta vit -ti - ma del ca - - sto
O bless - ed vic-tim Of the ho - - ly

ff

Be - a - ta vit -ti - ma del ca - - sto
O bless - ed vic-tim Of the ho - - ly

a tempo

ff *largamente*

10260

-lo pro-fon-do Lon - tan dal tor-bi -
-mult of this earth I shall dwell,
-ga-te ti fran - - gi o
ev - er! My heart is
Spes-so dai cul - mi - ni del tuo ma -
In thy a - bode, With dread and
vel per te già spi-ra - no l'au - re del
veil, For thee ce - les-tial Bree - - zes shall pre -
vel per te già spi-ra - no l'au - re del
veil, For thee ce - les-tial Bree - - zes shall pre -
vel per te già spi-ra - no l'au - re del
veil, For thee ce - les-tial Bree - - zes shall pre -
vel per te già spi-ra - no l'au - re del
veil, For thee ce - les-tial Bree - - zes shall pre -

pp
-do- fra - gor del mon - do, lon -
there I shall dwell yon - der Far
pp
cuo - - re, un' e - su - - le son del - l'a - mo -
bro - - ken! An ex - - ile am I From love's king -
-nier ti de - sti l'u - lu - lo
fear The wild cry of the hawk,
pp
ciel Be - a - - ta vit - ti - ma Be - a - ta
-vail. O bless - - ed vic - - tim, O bless - ed
pp
ciel Be - a - - ta vit - ti - ma Be -
-vail. O bless - - ed vic - - tim, O
pp
ciel Be - a - - ta vit - ti - ma Be -
-vail. O bless - - ed vic - - tim. O
pp
ciel Be - a - - ta vit - ti - ma Be -
-vail. O bless - - ed vic - - tim, O
pp

cresc. poco a poco
- tan del tor - bi - co Fra - - gor del mon - do vi -
— from the tu - mult Of — earth-ly dole — En -
- re un' e - su - le son — del - l'a - mo - - re già un
- dom, An ex - ile am I — From love's king - dom, An
ti de - sti l'u - lu - lo ti de - sti l'u - lu - lo del
the wild cry of the hawk, the wild cry of the hawk Oft
cresc. poco a poco
— vit - ti - ma Be - a - ta — vit - ti - ma del ca - sto
— vic - tim, O bless - ed — victim Of the ho - ly
- a - ta vit - ti - ma del ca - sto vel per
bless - ed vic - - tim Of ho - ly veil, For
- a - ta vit - ti - ma del ca - sto vel per
bless - ed vic - - tim Of ho - ly veil, For
- a - ta vit - ti - ma del ca - sto vel per noi già
bless - ed vic - - tim Of ho - ly veil, For thee ce -
cresc. poco a poco

largamente con tutta l'espressione
-vri in un mis-ti - co so-gno se - - -
-rapt in a hap - py dream
va - - sto o - - ce - a - - no sul mio te -
o - - cean wide Now doth sev-er heart from
-lo sparvier ti de - sti l'u - lu-lo
will thou hear, The hawk's wild cry
largamente con tutta l'espressione
vel per te già per te già spi - - - ra
-veil, For thee ce-les-tial Bree - - - zes
te già spi - ra - no l'au - re del
thee ce - - les - tial Bree - - zes shall pre -
già spi-ra - no l'au - re
ce - - les-tial Bree - zes shall
te già spi - ra - no l'au - re del
thee ce - - les - tial Bree - - zes shall pre -
spi - - ra - no l'au - re del
les - - tial Bree - - - zes shall pre -
ff largamente con tutta l'espressione

molto largamente
-ren ma o Dei sal - va - te - mi Le - an - dro al -
With won - der rife; O gods, watch o'er Le - an - der's
sor si chiuse e un car - ce - re si chiu - de an -
heart, And soon a dun - geon dark our live's shall
del - lo sparvier, ti de - sti l'u - lu - lo del-lo spar-
Oft wilt thou hear, The hawk's wild cry Oft wilt thou
molto largamente
-no l'au - - re del ciel l'au - - - re del
shall pre - - vail, bree - - - zes shall pre -
ciel l'au - re del ciel l'au - - re del
-vail, ce - les-tial bree - zes shall pre - -
ciel l'au - re del ciel l'au - - re del
-vail, ce - les-tial bree - zes shall pre - -
ciel l'au - re del ciel del
-vail, shall pre - vail, shall pre - -
molto largamente

espressivo e molto riten.
-men. Sal - va - te - mi Le - an - dro al - men
life. O great gods watch o'er Le - an - der's life,
-cor. Sgor - ga - te o la - gri me
part. O sad tears Flow on for ev - er - more!
-vier. Ti de - sti l'u - lu - lo
hear, The wild cry of the hawk
espressivo e molto riten.
ciel. Be - a - ta vit - ti - ma
vail. O bless - ed vi - tim Of
ciel. Be - a - ta vit - ti - ma
vail. O bless - ed vic - tim Of
ciel. Be - a - ta vit - ti - ma
vail. O bless - ed vic - tim Of
ciel. Be - a - ta vit - ti - ma
vail. O bless - ed vic - tim Of
fff

rit. molto
pp
Sal - va - te - mi Le - an - dro almen Sal - va - te - mi Le - an - dro al - men
Watch o - ver Le - an - der's life, watch o - ver Le - an - der's life,
O cuor ti fran - gi! O cuor O cuor
My heart is bro - ken! my heart, my heart!
del - lo spar - vier, l'u - lu - lo del - lo sparvier
oft wilt thou hear, The wild cry oft will thou hear,
del ca - sto vel
the ho - ly veil.
del ca - sto vel.
the ho - ly veil.
del ca - sto vel.
the ho - ly veil.
del ca - sto vel.
the ho - ly veil.

Sal - va - te - mi Le - an - dro al - men al - men al -
watch o - - ver Le - an - der's life, watch o'er his

O____ la - gri - me sgor - ga - te ti fran - gio
Flow on sad tears___ for___ e - ver, Sad tears flow

Ti de - sti l'u - - lu - lo del - lo spar -
Oft wilt thou hear the cry, oft wilt thou

Per te già spi - ra - no l'au - re del
For thee ce - les - tial Bree - zes shall pre -

Per te già spi - ra - no l'au - re del
For thee ce - les - tial Bree - zes shall pre -

Per te già spi - ra - no l'au - re del
For thee ce - les - tial Bree - zes shall pre -

Per te già spi - ra - no l'au - re del
For thee ce - les - tial Bree - zes shall pre -

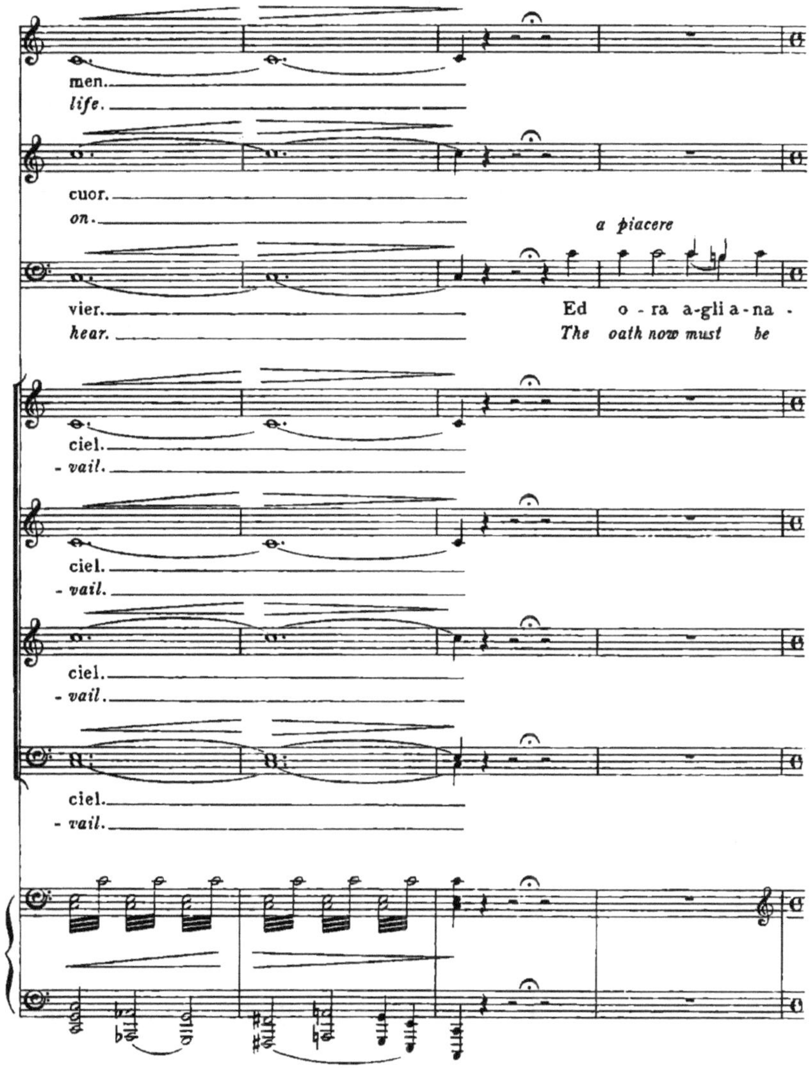
men.
life.
cuor.
on.
a piacere
vier.
hear.
Ed o-ra a-gli a-na-
The oath now must be
ciel.
-vail.
ciel.
-vail.
ciel.
-vail.
ciel.
-vail.

Allegro maestoso.
-te - mi.
ta - ken.
Giu - ra
Swear it!
ff
declamato largamente.
giu - ra!
Swear it!
Giu - ra per l'a - tre
Swear by the dark
por - te di Plu - to e per la
por - tals of death and of
fp
fp
Sostenuto.
mor - te.
Plu - to
che res - te - rai
That thou'lt re - main
ce - les - tial - men - te
free from all earth - ly
(con voce fievole.)
(with feeble voice.)
ERO.
HERO.
pp rit. a piacere.
Ho giu - ra - to.
I have sworn it.
pu - ra
stain.
giu - ra!
Swear it!

E se il giu - ro fa - tal _____ sia vi - o -
If the fa - - tal oath _____ be vi - o -

- la - to e se pe - ne - tra l'ombra d'un uom a pro-fan-ar tua
- la - ted, And if the sha - dow of _____ a man should profane thy se-

cal - ma con-tra il nu-do tuo sen pie-tra su pie-tra sa-rà sca-
- clu - sion A - gainst thy na-ked breast stone up-on stone shall be

- glia-ta in - fin che la tua sal - ma di-la-ni-a-ta spa-
hurl'd, Un - til thy shape-less bo - - dy, mu - ti-la - ted, makes

140

(silenzio d'orrore.)
(all are dumb with horror.)

(accennando a LEANDRO il
(pointing to LEANDER who is

ven-ti il ciel sul-la spi-ag-gia te - tra.
heav'n a-ghast at the dread-ful sight____

S'al-lon-ta-ni quel-
Off at once with that

pp

quale è trascinato dalle guardie.)
dragged off by the guards.)

-l'uom. La lu-na sor-ge, rim-bom-bi al-fi-ne il can-ti-co del-l'or-
man. The moon is ris-ing; Now shout forth the wild A-phro-di-sian an-

(Sorge la luna, il suo disco luminoso irradia l'orgia e contrasta colle fiaccole e coi doppieri accesi. ERO,
coperta col velo d'argento, ritta sull'altare, domina virginalmente il baccanale.)

(The moon rises, its rays shine on the orgies, contrasting with the light of the lamps and torches. HERO draped in
the silver veil stands at the altar during the revels.)

Allegro moderato sostenuto.

gie.____
- them.____

Soprani.

f a voce spiegata

Pe - a - na, Pe -
We hail thee, we

Allegro moderato sostenuto.

mf stacc.

10260

-à - na, s'af - fer - ri la cop - pa che il se - no di
hail thee! Now raise we the gob - let Re - sem - bling the

Contralti.

Tenori.

Bassi.

Ve - ne - re fre - men - do_ pla - smò, Pe -
gold - - en cup_ of_ Ve - nus di - vine. I -

f a voce spiegata

Pe - à - na, Pe-
We hail thee, we

-à - - - na, Pe - à - - - na, Pe -
-o pai - - an, I - - o pai - - an! We
-à - na s'af - fer - ri la cop - pa che il se - no di
hail thee! Now raise we the gob - let Re - sem - bling the
-à - na, Pe - à - na, Pe - à - - - na, Pe -
hail thee, we hail thee, O god - - - dess! We
Ve - ne - re fre - men - do pla - smo! Pe -
gold - en cup of Ve - nus di - vine. I -
a voce spiegata
Pe - à - na, Pe -
We hail thee, we

-à - na, Pe - à - na, Pe-à - na, Pe - à - na, Pe-
hail thee, we hail thee, we hail thee, O god - dess! We
-à - na, Pe - à - na, Pe-à - na, Pe - à - na, Pe-
-o pai - an! We hail thee, we hail thee, O god - dess! We
-à - na s'af - fer - ri la cop - pa che il se - no di
hail thee! Now raise we the gob - let Re - sem - bling the
-à - - na, Pe - à - - na, Pe -
hail thee, we hail thee! I -
-à - na, Pe - à - na, Pe - à - na, Pe-
hail thee, we hail thee, we hail thee, we
Ve - ne - re fre - men - do pla - smo! Pe -
gold - en cup of Ve - nus di - vine. I -
Pe - à - na, Pe-
We hail thee, we

-à - - - na, Pe - à - - - na, Pe -
-o pai - - an, I - - o pai - - an! We
-à - - na, Pe - à - na, Pe - à - - na, Pe -
hail thee, O god - dess! We hail thee, we
-à - - - na, Pe - à - - - na, Pe -
-o pai - - an, I - - o pai - - an! We
-à - - na s'af - fer - ri la cop - pa che il se - no di
hail thee! Now raise we the gob - let Re - sem - bling the
-à - - na, Pe - à - na, Pe - à - - - na,
hail thee, we hail thee, O god - - - dess!
-à - - na, Pe - à - - na, Pe - à - - na,
hail thee, we hail thee, O god - - dess!
-à - - na, Pe - à - - na, Pe - à - - - na,
hail thee, we hail thee, O god - - - dess!
Ve - ne - re fre - men - do pla - smò!
gold - - en cup of Ve - nus di - vine.
ff

Pe - à - na! s'af - fer - - ri la cop - pa
We hail thee! Now raise the gob - let.
Pe - à - na! s'af - fer - - ri la cop - pa
We hail thee! Now raise the gob - let.
Pe - à - na! s'af - fer - - ri la cop - pa
We hail thee! Now raise the gob - let.
Pe - à - na! s'af - fer - - ri la cop - pa
We hail thee! Now raise the gob - let.
Pe - à - na! cheil se - no di Ve - ne - re
The gob - let, Re - sem - bling the gold - en cup.
Pe - à - na! cheil se - no di Ve - ne - re
The gob - let, Re - sem - bling the gold - en cup.
Ve - ne - re
The gob - let, Re - sem - bling
Pe - à se - no di Ve - ne - re
The gob - let, Re gold - en of

Pe - à - na, Pe - à - na,
We hail thee, we hail thee,
fre - men - do pla - smò, fre -
of Ve - - nus di - vine, of
Pe - à - na, Pe - à - na,
We hail thee, we hail thee,
- men - do pla - smò, fre - men - do pla -
Ve - - nus di - vine, of Ve - - nus di -
Pe - à - na, Pe - à - na.
we hail thee, we hail thee!
- men - do pla - smò. Già l'or - ma che im-
Ve - - nus di - - vine. The bowl that was
Pe - à - na, Pe - à - na.
we hail thee, we hail thee!
- smò, fre - men do pla - smò.
vine, of Ve - nus di - vine.
f con brio

-pres - se i'o - l m - - pi - ca pop - - pa d'a -
form'd af - ter mo - - del so love - - ly Fill
-ro - - mie di vi - - vi - do li - - quor
high now, fill high with fra - - grant and

Già l'or - - ma che impres - - se l'o -
The bowl that was form'd af - ter
si col - - mi Pe - à - - na, Pe - à - -
spark - - ling wine. We hail thee, we hail
- lim - - pi - ca pop - - - pa d'a - ro - - mi e di
mo - - del so love - - ly Fill high now, fill
- na, Pe - à - - na, Pe - à - - na, Pe - à -
thee, we hail thee! I - o pai - - an! We hail

vi - - vi - do li - - quor si col - -
high with fra - - grant and spark - - ling
- na, Pe - à - - - na, Pe - à - - na, Pe - à - - -
thee! I - o pai - - - an, I - o pai - an, I - o pai -
Già
The
- mò Pe - à - - na, Pe - à - na, Pe - à - na, Pe - à - na,
wine. Io pai - - an! We hail thee, O god - dess! We hail thee,
- na Pe - à - - na, Pe - à - na, Pe - à - na, Pe - à - na,
- an! We hail thee, we hail thee, we hail thee, we hail thee,
l'or - ma che im - pres - se l'o - lim - pi - ca pop - pa d'a -
bowl that was form'd af - ter mo - del so love - - ly Fill
staccato brillante

Pe - à - na, Pe - à - na, Pe - à - na, Pe - à - - -
we hail thee, we hail__ thee! I - o pai - - an, Io__ pai - -
Pe - à - na, Pe - à - na, Pe - à - na, Pe - à - - -
we hail thee, we hail__ thee! I - o pai - an! We hail
Già
The
- ro - mi e di vi - - vi - do li - - quor__ si__ col - -
high now, fill high with fra - grant and spark - ling
- nal Pe - à - na, Pe - à - na, Pe - à - na, Pe - à -
- an! We hail thee, we hail thee, O god - dess! We hail
- na, Pe - à - na, Pe - à - na, Pe - à - na, Pe - à - na,
thee, we hail thee, we hail thee, we hail thee, O goddess!
l'or - - ma che impres - se lo - lim - - pi - ca pop - pa d'a -
bowl that was form'd af - ter mo - del so love - ly Fill
- mò, Pe - à - - na, Pe - à - - na, Pe - à - na, Pe - à -
wine. We hail__ thee, we hail__ thee, O god - dess! We hail__

-na, Pe-à-na, Pe-à-na, Pe-à-na, Pe-à-
thee, we hail thee, O god-dess! We hail thee, we hail
Pe-à-na, Pe-à-na, Pe-à-na, Pe-à-na,
We hail thee, we hail thee O god-dess! We hail thee,
-ro-mò di vi-vi-do li-quor si col-
high now, fill high with fra-grant and spark-ling
-na, Pe-à-na, Pe-à-na, Pe-à-na, Pe-à-
thee, we hail thee, O god-dess! We hail thee, we hail
-na, Pe-à-na,
thee, we hail thee,
Pe-à-na,
we hail thee,
-mò Pe-à-na,
wine. we hail thee,
-na, Be-viam tut-to è ce-ne-re Be viam de-li-rio e can-
thee! Fill high, all is va-ni-ty! Fill high, gay song and glad

Pe-à - - na, Pe-à - - na,
we hail thee, we hail thee,
Pe-à - - na, Pe-à - - na,
we hail thee, we hail thee,
Pe-à - - na, Pe-à - - na,
we hail thee, we hail thee,
-zo- ne fug - ge-vo-le e vana Be
laugh-ter, All else is vain and fleet-ing! Fill
Pe-à - na, Pe-à - na,
we hail thee, we hail thee,
Pe-à - na, Pe-à - na,
we hail thee, we hail thee,
Pe-à - na, Pe-à - na,
we hail thee, we hail thee,
-viam, Be - viam tut-toè ce-ne - re fug - ge - vo-le e va-na, fug-
high, fill high, all is va-ni - ty! All else vain and fleet-ing, all

ritenuto
Pe-à-na, Pe-à-na, Pe-à-na, Pe-à-na, Be-
O god-dess! We hail thee, we hail thee, O god-dess! Fill
Pe-à-na, Pe-à-na, Pe-à-na, Pe-à-na, Be-
O god-dess! We hail thee, we hail thee, O god-dess! Fill
Pe-à-na, Pe-à-na, Pe-à-na, Pe-à-na, Be-
O god-dess! We hail thee, we hail thee, O god-dess! Fill
-ge-vo-lee va-na, fug-ge-vo-lee va-na, fug-ge-vo-lee va-na! Be-
else vain and fleet-ing, all else vain and fleet-ing, all else vain and fleet-ing! Fill
ritenuto
a tempo
-viam tut-to è ce-ne-re fug-ge-vo-le e
high life is all va-ni-ty! All else is vain and
-viam, Be-viam, Be-viam, Be-viam, Be-
high, fill high, fill high, fill high, fill
-viam, Be-viam, Be-viam,
high, fill high, fill high,
-viam, Be-viam,
high, fill high,
a tempo

154

10260

tut - to è ce - ne - re
all is vа - ni - ty!
ce - ne - re Be - viam, Be - viam,
va - ni - ty! Fill high, fill high!
-viam Be - viam, Be - viam,
high, fill high, fill high!
Be - viam,
high!
Pe - à - na, Pe - à - na, Pe - à - na, Pe-
We hail thee, we hail thee, O god - dess! We
Vl. Fl. Cl. & Ob.

156

10260

157

10260

Pe-à-na, Pe-à-na, Pe-à-na,
thee, we hail thee, we hail thee, O god-dess!

Pe-à-na, Pe-à-na, Pe-à-na,
thee, we hail thee, we hail thee, O god-dess!

Pe-à-na, Pe-à-na, Pe-à-na,
thee, we hail thee, we hail thee, O god-dess!

Pe-à-na, Pe-à-na, Pe-à-na,
thee, we hail thee, we hail thee, O god-dess!

Pe-à-na, Pe-à-na,
We hail thee, we hail thee,

Pe-à-na, Pe-à-na,
We hail thee, we hail thee,

Pe-à-na, Pe-à-na,
We hail thee, we hail thee,

Pe-à-na, Pe-à-na,
We hail thee, we hail thee,

Pe - à - na! Pe - à - na! Pe - à - na!
we hail thee, O god - dess! We hail thee,
Pe - à - na! Pe - à - na! Pe - à - na!
we hail thee, O god - dess! We hail thee,
Pe - à - na! Pe - à - na! Pe - à - na!
we hail thee, O god - dess! We hail thee,
Pe - à - na! Pe - à - na! Pe - à - na!
we hail thee, O god - dess! We hail thee,
Pe - à - na! Pe - à - na! O
O god - dess! We hail thee! O Ve -
Pe - à - na! Pe - à - na!
O god - dess! We hail thee!
Pe - à - na! Pe - à - na!
O god - dess! We hail thee!
Pe - à - na! Pe - à - na!
O god - dess! We hail thee!

Ve - - ne - reo A - do - - ne o Ve - - ne - reo A -
- nus! O A - do - - nis! Ve - - nus! A -
O Ve - - ne reo A -
O Ve - - nus! O A -
- do - - ne o Ve - - ne - - re O Ve - ne -
- do - - nis! Ve - - - - - nus! O Ve -
do - - ne o Ve - - ne - - re
- do - - nis! Ve - - - - - nus!
O Ve - - ne - - re
O Ve - - - - - nus!
O Ve-ne-re
O Ve - nus!
pp cresc. poco

-re O A-do-ne O A-do-
nus! A-do-nis! A-do-
O Ve-ne-re O A-do-
O Ve-nus! A-do-
O Ve-ne-re O A-do-ne!
O Ve-nus! A-do-nis!
O A-do-ne!
A-do-nis!
a poco
ne! Pe-à-na, Pe-à-
-nis! We hail thee, we hail
ne! Pe-à-na, Pe-à-
-nis! We hail thee, we hail
Pe-à-na, Pe-à-
We hail thee, we hail
Pe-à-na, Pe-à-
We hail thee, we hail
cresc. molto

molto ritenuto largamente

- na, O Ve - ne - re _____ O A - do - -
thee, O Ve - - nus! _____ A - do - -

- na, O Ve - ne - re _____ O A - do - -
thee, O Ve - - nus! _____ A - do - -

molto ritenuto largamente

- na, O Ve - ne - re _____ O A - do - -
thee, O Ve - - nus! _____ A - do - -

- na, O Ve - ne - re _____ O A - do - -
thee, O Ve - - nus! _____ A - do - -

Violini Flauti Clar. Oboi.

molto ritenuto largamente

a tempo

- ne Pe - à - na! Pe - à - na! _____
- nis! We hail thee, we hail thee! _____

- ne Pe - à - na! Pe - à - na! _____
- nis! We hail thee, we hail thee! _____

- ne Pe - à - na! Pe - à - na! _____
- nis! We hail thee, we hail thee! _____

a tempo

- ne Pe - à - na! Pe - à - na! _____
- nis! We hail thee, we hail thee! _____

a tempo

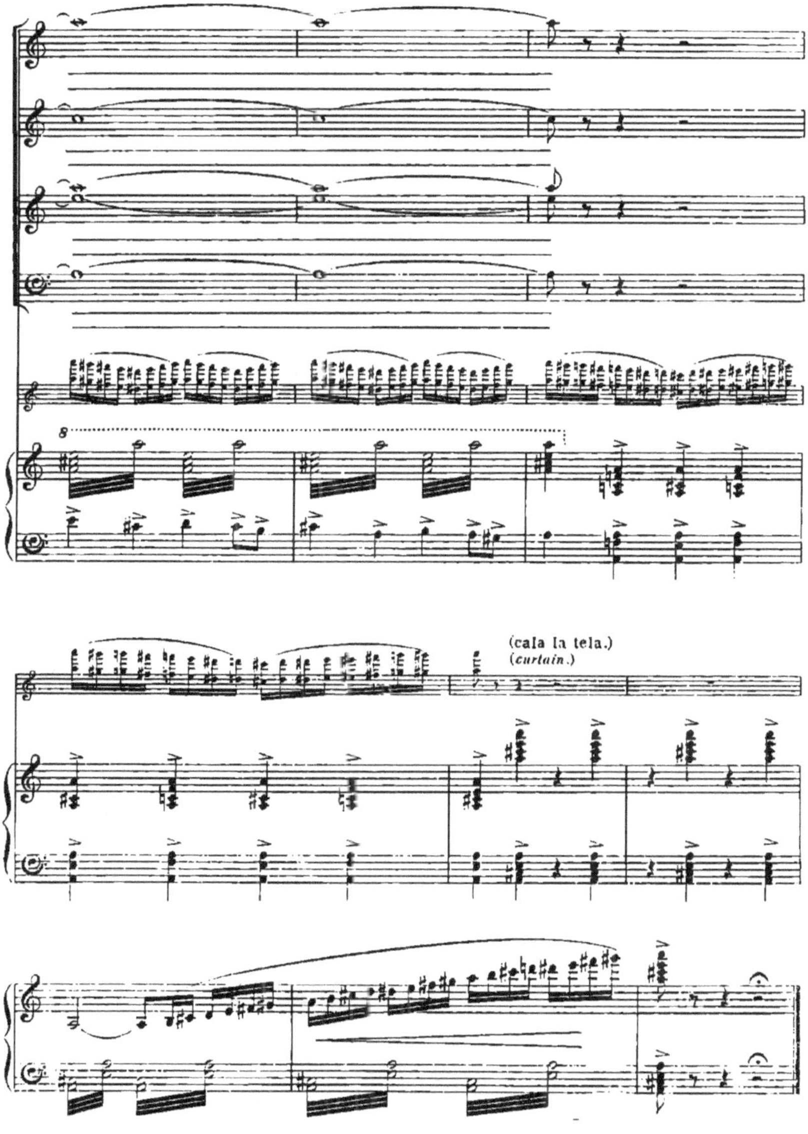
8
(cala la tela.)
(curtain.)

ACT III.

LA TORRE DELLA VERGINE.
THE MAIDEN'S TOWER.

Interno della torre. Ottagono. Nel lato obliquo, a sinistra, un alto e vasto verone. Alla destra, in fondo, una rampa che discende e fora il pavimento, indica essere ivi l'unico ingresso della torre. Le muraglie sono annerite dal tempo e spoglie. Nel mezzo della scena è un giaciglio coperto da una pelle di leopardo. Poco discosto sta un vasto tavolo, sul tavolo una face accesa, una clessidra, una conca marina formata in guisa di portavoce. Accanto al tavolo un sedile sul quale ERO siede, e osserva la clessidra. Notte. Un raggio di luna incerto penetra or si or no dal verone. Il vento porta le voci lontane dal mare.

Interior of the tower, octagonal in shape. To the left a large and lofty window, wide open. To the right, at the back, is a flight of steps which leads down through the floor, and shows that it is the only egress from the tower. The walls are blackened by age and weather-beaten. In the centre of the stage a couch covered with a leopard's skin. At a little distance a large table, and on it a lighted torch, a water-clock and a large shell formed like a speaking-trumpet. Near the table a chair on which HERO sits, intently watching the water-clock. It is night. A fitful ray of the moon comes at intervals from the window. The wind brings the distant sound of voices from the sea.

ppp
sempre pianissimo e legatissimo. più riten.
ppp
molto riten.
a tempo
pp
fp
fp
fp
CORO INTERNO E LONTANO DI MARINAI.
CHORUS OF SAILORS WITHIN, AT A DISTANCE.
Tenori I°
p legato e tranquillo
La not - te dif - fon-de Gl'in-can-ti sul
Night spreads o'er the o-cean Fair gla-mour and
Tenori II°
p legato e tranquillo
La not - te dif - fon-de Gl'in-can-ti sul
Night spreads o'er the o-cean Fair gla-mour and
Baritoni.
p legato e tranquillo
La not - te dif - fon-de Gl'in-can-ti sul
Night spreads o'er the o-cean Fair gla-mour and
Bassi.
p legato e tranquillo
La not - te dif - fon-de Gl'in-can-ti sul
Night spreads o'er the o-cean Fair gla-mour and
fp
fp
dim.

poco riten.
mar, tran-quil-le e pro - fon-de va - po-ran le spon-de: la bar -
gleam, The waves' gen-tle mo-tion Breathes joy-ous e - mo-tion, Our bark
poco riten.
mar, tran-quil-le e pro - fon-de va - po-ran le spon-de: la bar -
gleam, The waves' gen-tle mo-tion Breathes joy-ous e - mo-tion, Our bark
poco riten.
mar, tran-quil-le e pro - fon-de va - po-ran le spon-de: la bar -
gleam, The waves' gen-tle mo-tion Breathes joy-ous e - mo-tion, Our bark
poco riten.
mar, tran-quil-le e pro - fon-de va - po-ran le spon-de: la bar -
gleam, The waves' gen-tle mo-tion Breathes joy-ous e - mo-tion, Our bark

pp a tempo
ppp
- ca è u-na cul - - la, O va - ga fan - ciul -
is love - la - - den. Oh! come, fair - est maid -
pp a tempo
ppp
- ca è u-na cul - - la, O va - ga fan - ciul -
is love - la - - den. Oh! come, fair - est maid -
pp a tempo
ppp
- ca è u-na cul - - la, O va - ga fan - ciul -
is love - la - - den. Oh! come, fair - est maid -
pp a tempo
ppp
- ca è u-na cul - - la, O va - ga fan - ciul -
is love - la - - den. Oh! come, fair - est maid -

- la, An-dia - mo sul-l'on -
- en, 'Mid fer - vent de-vo -
- la, An - dia-mo sul -
- en, 'Mid - fer-vent de -
- la, An - dia-mo sul -
- en, 'Mid - fer-vent de -
mf
- la, An-dia - mo sul-l'on - de An - dia-mo sul -
- en, 'Mid fer - vent de-vo - tion, 'Mid - fer-vent de -
dim.
dim. molto
- de An-dia - mo a so - - gnar
- tion, To wan - der and to dream.
dim. molto
- l'on-de An dia - mo An - dia-mo a so-gnar.
- vo-tion, To wan - der, wan - der, to wander and to dream.
dim.
dim. molto
- l'on-de An dia mo - a so - - gnar.
- vo-tion, To wan - der and dream.
dim.
dim. molto
- l'on-de An - dia - mo a so - - gnar.
- vo-tion, To wan - der and dream.
pp

UNA VOCE DAL MARE.
A VOICE FROM THE SEA.
riten. a
Ri-splen-don di
The waves of the
legato e tranquillo
pp
piacere
fo-sfo-ro
I flut-ti del Bo-sfo-ro.
Bos-phor-us
Are spark-ling with phos-phor-us.
sempre pianissimo
e riten.
Tenori I°
Tenori II°
Baritoni.
Bassi.
mf
allargando
Già pal-pita e a-ne-la per e-sta-si il cor
Our hearts are set dan-cing Beneath the moon-light
fp
p

e molto riten.
pp
La lu - na si ve - la, la lu - na si sve - la
Now shy - ly ad - van - cing And fit - ful - ly glancing,
pp e molto riten.
La lu - na si ve - la, la lu - na si sve - la
Now shy - ly ad - van - cing And fit - ful - ly glancing,
pp e molto riten.
La lu - na si ve - la, la lu - na si sve - la
Now shy - ly ad - van - cing And fit - ful - ly glancing,
e molto riten.
pp
a tempo
La lu - na si ve - la, la lu - na si sve - la Son l'ar -
Now shy - ly ad - van - cing And fit - ful - ly glancing, While we,
Son l'ar - che ve - lie - re al ven - to leg -
While we, on - ward sail - ing, fair winds pre -
Son l'ar - che ve - lie - re al ven - to leg -
While we, on - ward sail - ing With fair winds pre -
Son l'ar - che ve - lie - re al ven - to leg -
While we, on - ward sail - ing With fair winds pre -
- che ve - lie - re al ven - to leg -
on - ward sail - ing With fair winds pre -

ppp
riten.
- ge - re. La na - ve ha la ve - la E il cuo - re ha la -
- vail - ing, Shall glide, love en - han - cing Our dream of de -
- ge - re. La na - ve ha la ve - la E il cuo - re ha la -
- vail - ing, Shall glide, love en - han - cing Our dream of de -
pianissimo perdendosi.
mor.
- light.
pp
sempre riten.

UNA VOCE DAL MARE.
A VOICE FROM THE SEA.

rit.   a piacere

Ri - splen - don di fò - sfo - ro   i   flut - ti del
The   waves of the Bos-phor-us   Are   spark-ling with

riten.

Bò - sfo - ro._____
phosphor - us._____

(tutto rientra nel silenzio.)
(all is silent again.)

a tempo

Lento.   ERO.
          HERO.   *ten*

El - les - pon - to!   po - e - ti - ca   la - gu - na che la for -
Hel - les - port!_____   la - goon of dream-ful   fan - cy, With mood so

pp col canto

- tu - na mu - ta ad o - ra ad   o - ra, L'au - ro - ra del - la lu - na ti di - a
changeful in each pas - sing   hour,____ Let moon - rise____ dow - er with calm thy

riten.

pp

pa - ce____ per ques - ta not - te.____ Ta-ce il bu - io mon - do.
wa - ters____ And night be tran - quil.____ All the world is si - lent.

pp rit. col canto

(si toglie un fiore dal seno.)
(takes a flower from her bosom.)

dolcissimo

E te che a-scondo nel dol - ce me-
And thou, sweet flow - er, in____ my

a tempo

pp dolcissimo

quasi a piacere

-an - dro de' se - ni____ e por - ti di Le - an - dro il
bo - som Re - pos - ing,____ and bear-ing the dear name of Le -

pp a tempo

dolce e legato a tempo

no - me, fior di so - a - ve a - ro-ma e-gli ti scel - se, per me ti
-an - der, Flow-er of fragrance, he chose thee for thy per-fume, For me he

poco rit.

svel - se dai ra - mi fe - li - ci. Nuo - ve ra - di - ci or
cull'd thee from the glad-some branch - es. Bloom in my heart, there re -

rit. col canto

più rit.

pian - ta nel mio cuo - re,⎯ Te - ne - ro fio - re.
- vive and flour - ish,⎯ Thou ten-der flow - er.

UNA VOCE LONTANA DAL MARE.
A DISTANT VOICE FROM THE SEA.

La lu - na s'a-
The moon-light is

ppp

Poco più mosso e tranquillo.
dolcissimo

Tor - na ta - lo - ra a scuo - ter-
There comes a - new to thrill me

scon - de schi - va - te le spon - de.
fail - ing, Near rocks we are sail - ing. Poco più mosso e tranquillo.

pp

-mi___ un be-a - to pro-fu-mo del pas-sa - to;___

oft___ all the hap - py Re - mem-brance of love's glad - ness.___

_ Al - lo - ra io pen - so E un can-to im-men-so vi - bra,___

_ My thoughts, vi - brat-ing To migh- ty song a - round me,___

_ e l'al-ma as-col - ta___ Quand' ei la pri-ma

_ my soul en-rap - ture.___ When first he hith- er

pp quasi parlato

vol-ta qui m'ap-par-ve col pas-so del-le lar-ve, (en -

came and fond - ly sought me. With si - lent, steal-thy foot-step (and

10260

-vea le stil-le nel-le pu-pil-le a ca-ri-tà su-à-di
all his soul spoke In his glan-ces with tear-ful sweet per-sua-sion

Sostenuto. declamato largamente

Mi dis-se: Set-te sta-di d'al-to
He whis-per'd: Se-ven sta-dia of deep

ma - re mi vie-tan di ba-ciar il tuo bel
wa - ters Would vain-ly keep my lips from thy sweet

vi - - so; ma in cuo-re ho fi-so di var-car-li,
vi - - sage. I am re-solv'd to cross them,

ten. _ten._

so- lo che m'as - se - con - de e il vo - lo fra le spu - me __
if on - ly Thou wilt help me, my pas - sage through the break - ers __

_pp_

di - ri - ga un lu - - me dal - - la tor - -
With bright torch guid - - ing from thy tow - - -

_pp_

con anima _poco affret._

- re. Ah! spen - to non sia dal ven - to: col - la dol - ce
- er. Ah! let __ it ne'er be quench'd, dear, with __ thy fair

poco rit. _dim. e rit. molto - -_

pal - ma tu lo ri - pa - ra, co - me fos - se l'al - ma
hand e'er Guard that light fond - ly as though 'twere my soul, love,

molto espressivo a piacere

di chi t'a-do-ra. | O not-ti!___ o ri-mem-
That so a-dores thee. | *O rap-ture! O sweet re-*

tranquillo a tempo

col canto

pp

-bran-ze!___ | O sor-ri-si! | o | spe-ran-ze!___
-mem-brance!___ | *Heart en-thral-ling!* | *Hope* | *en-chant-ing!___*

___ UNA VOCE DAL MARE. (lontanissima e prolungata.)
___ *A VOICE FROM THE SEA.* (very distant and long sustained.)

Tenori. *ten.* *ten.*

C'è un nu-vo-lo ne-ro sull' -so-la Eu-bè-a. ALTRA VOCE. (meno lontana.)
O'er that is-land yonder, A dark cloud doth wan-der. ANOTHER VOICE.(less distant.)

Bassi.

Al-l'er-ta noc-
Let's home-ward be

a piacere | *a tempo* | *a piacere*

ERO.
HERO.
(sempre assorta nelle sue memorie.)
(absorbed in her thoughts.)
Allegretto moderato.
dolcissimo
E
And
chie - ro che vien la ma - rè - a.
go - ing, A storm-wind is blow - ing.
Allegretto moderato.
ppp a tempo
leggiero
elegante
pp legato
con semplicita
fur com - piu - te poi le dol - - - ci
then the nup - tial troth we fond - - - ly
noz - - ze, ma il se - gre - to con - nu - bio al - cun po -
plight - - ed. But the se - cret u - nion found no
pp
poco rit.
a tempo
- e - ta non in - neg - giò, Nè s'al - le - grò per te - da la
po - et To sing its praise, nor in the mar - riage cham - ber Did
poco rit.
a tempo

stan - za ma - ri - tal, nè per ghir - lan - da
torch - es bright - ly blaze, nor fes - tal gar - - lands,
con anima
poco allargando
Non can - to gl'i - me - ne - - i la
And no hymn un - to Hy - - men was
ve - ne - ran - da ma - - dre nè il ge - ni -
sung by ten - der Mo - - ther, or by the
- tor, ma nel si - len - zio dell' - o - re e
sire, but in the si - lence Of those dear
ten.
col canto
a tempo
col canto

130

le not-tur-ne ca-rez-zeil mar ri-sol-ca, Prin che lo
Sweet noc-tur-nal ca-ress - es, swift de-par-ted Lest there should

riten. con molto espressione

col - ga in-si-di-o-soil gior - no, col leon-di
find him the trea-cher-ous young day - light. With wave-toss'd

cresc. e allargando col canto

va - ghe mem-bra, a sè me-des - mo Nau - ta re-
limbs he bat-tles 'gainst an-gry bil - lows, As ship, and

dim.

-mi - ge e na - - ve._____
*pi - lot and row - - er.*_____

e riten. dim.

UNA VOCE DAL MARE. (lontanissima.)
A VOICE FROM THE SEA. (very far off.)

Bassi.

S'in - tor - bi - da l'Or - to:___ tor - na - te nel por - to.
Dark clouds are ap - pear - ing,___ To har - bour be steer - ing.

ppp

ERO.
HERO. Presto agitato.

ffo

Om - - - bra! Not - - -
Dark - - - ness! Si - - -

ff

- te! Mis - ter!___
*- lence! and Night!*___

Lento. *declamato*

De - ser - to è il ma - re! Hai suoi con - fi - ni il mar, non ha con -
The sea's de - ser - ted. The sea its con - fines hath, there are no

largamente
poco rit.
-fi-ni il de-si-de-rio mi-o: co-cen-te spi-ra og-gi il vento al-l'a-
con-fines To my intense de - sire The ardent bree-zes breathe but love to
dim.
-mor
day
dolce
ca-de u-na
A star is
ppp
leggerissimo
con grande agitazione
stel-la! È il mio Le-an - dro che si get-ta in
fall-ing! 'Tis my Le-an - der dar-ting through the
pp
ma-re! ec-co, io lo scer-no già col-
wa-ters! Ah! there, I be-hold him now, with

-l'a - cu - i - ta pu-pil - la del pen-
the far - see - ing And yearn - ing eyes of
sier; al li-do ei mo-ve, o vi-si-
thought the shore ap-proach-ing. O vi-sion
-on! dal-le a-mo-ro-se mem-bra con am-be-due le
fair! With his dear hands, he deft-ly Takes off the man-tle
man si trag - ge il man-to e al ca-po il si rav-
draped a-round his shoul-ders, And winds it round his

rit. con grande espressione   *ten.*   *dolcissimo*

-vol - ge___ e dal - la spon - da si spin-ge in mez-zo ai flut - ti. Oh quel-la

fore - head.__There-on he plun-ges a-mid the surg-ing break-ers.   *Ah! well I*

e riten.   pp   p

stel - la mi pre - sa - gi - va il ver.___   Con - sun - ta è

know it, That star fore-told the truth.___   *'Tis now the*

pp   pp

con slancio

l'o - ra   ven - ga la fa - ce Ar - do pur io con es - sa.

hour.   *Come, torch, to light him, my soul like thee is burn-ing.*

Allegro moderato sostenuto.   *espressivo*

Splen - - di,

Bright - - ly,

pp *leggero e staccato*

tr
espressivo
splen - - di, er - - ma fa -
bright - - - ly, torch be
- cel - la, al - loc - cul - to nuo - ta - tor,
shi - ning To - the swim - mer far a - way.
dolce
Co - - - me fa - - ro, co - - me
As a bea - - con, fair and
stel - - la Sul - l'o - ce - - a - no
star - - like, O'er the sea that

del - - l'a - mor___ Splen - - -
love doth sway.___ Bright - - -

- di, splen - - di e
- ly, bright - - ly; while

nel - l'a - ma - re spu - me ver-si am-bro - sia il
o'er the brea - kers Falls___ am - bro - sia from the

ciel, e di - ven - ti dol-ce il ma - re do - ve
sky. Oh! let all the waves flow gen - tly When my

pas - sa il mio fe del Splen - - -
lov - er com - eth nigh. Bright - - -
mf
- di, splen - - di; o nin-fe o a - mo - ri, in - gi -
- ly, bright - - ly; O Loves and sea-nymphs, Ren - der
- glia - te il suo cam - min fa - te in - ciam - po sol di
smooth his way to me, And let on - ly flow'rs en -
fio - ri a quel - l'o - me - ro di - vin.
- cum - ber. Stroke so ra - pid, strong and free.
cresc. molto

Sostenuto largamente.

allargando con grande espressione

Splen – di, splen – di! e se ai ma – ri – ni sol-chi a-
Bright – ly, bright – ly; and should the bil-lows His un-

ff

allargando col canto

– ne – lo e las-se ei vien, bian-chi ci – gni
– flag-ging limbs as – sail, Let white swans

riten. dim.

– e bei del – fi – ni reg-gan l'u – mi – do
and dolphins bear him Safe-ly on ward through the

riten. fp dim.

ppp

su – – o sen.
gale, through the gale.

pp

ppp

10260

Allegro agitato.

(La luna si scioglie dalle nubi.)
(The moon breaks through the clouds.)

dim.

pp cantabile

È des-so, è
I see him! I

des-so!   te be – a-tao lu – – na,   per-chè fran – gi le
see him! Thou art   blest, Di – a – – na,   For thou shin – est from

nu – vo – le   e ri-schia-ri   il   va – go e-ro-e nel – l'on-de.   È
out the clouds   to il – lu-mine The brave and va – liant swimmer.   I

des-so, è des-so! Coll'al-te-ra cer-vi-ce ar-di-ta-men-te si-gno
see him! I see him! With head up-lift-ed, bold-ly he do-mi-nates The

.reggia il fluṭ - tu - ar del ma-re: le pal-me or giun-ge a
surg-ing of the foam - lit billows. At first as if in

dolce cantabile
pp

mo - do di pre-ghie-ra, or le stac-ca ru-bes-to. Ahi-mè! gli
prayer with palms u - ni-ted, Next with vi-gour he parts them. A-las! the

sco - glie-c'e-gli af-fron-ta Ahi-mè! l'e-si-zio es-tre-mo
rocks he now en-coun-ters. A-las! the greatest per-il

sempre p

10260

pen - de su lu - i Ma-re-a! Ma - re - a! Ma-re - a!
May still o'er-take him. O tide! O tide! O tide!
cres - - cen - - do
tem - pra l'or - go-glio dei cul - mi - nei fiot - ti! Ah!
Tem - per the pride of thy lof - ty break-ers! Didst
ff molto espressivo
tu non sai qual fior d'a-mo-re on - deg-gi sul-la tua
thou but know what flower of love is float-ing Up-on thy
pp cantabile
fu - ria! egli è là fra la ru-pe
fu - ry! 'mid the rocks, there I see him,

eu-na ter-ri-bil on-da ec-co! ci la
With fright-ful waves a-round him. But lo! he de-
sfi-da coll' ar-di-re d'un Di-o. Nu-mi! egli è
-fies them with a courage su-per-nal Ye gods! heaven has
poco cresc.
espressivo agitato
sal-vo! Pre-me col piè la ter-ra e si pre-
sav'd him! He treads the shore a-lert-ly, and drapes a-
espressivo agitato
fp subito
-cin-ge col pur-pu-re-o su-o man-to del-la
-round him his bright man-tle. He is com-ing! From the
cresc. poco a poco

(a LEANDRO, parlandogli dal verone cou voce ansiosa.)
(anxiously to LEANDER from the window.)

roc - ca già cor-re al-la sca - la - ta   o spo - so!   o
rocks he is ra-pid-ly as - cen - ding.   My dear - est!   My

cresc.

spo - so!   stu-dia il passo mio ben   la lu - na   fug - ge,
dar - ling!   Tread with care, my love,   the moon is   wa - ning,

cresc. molto   molto espressivo.

_ ten-ta con   cau - to pie-de _   o - gni   ma-ci-gno
Try with the   ut - most cau - tion _   each crag   and foothold,

al fe-de-ra t'ap - pi - glia.   Ah! non ca-
Cling firm-ly to the   i - vy.   Ah, love, be

pp   cresc.

10260

-de - re! non ca - der nel - l'a - bis - so
care - ful! In that pass there is dan - ger
poco a poco cresc. sempre
(angoscioso.)
(anxiously.)
Un pas - so an - co - ra un pas - so Le - an - dro!
one step love, still fur - ther one more, love, Le - an - der!
cresc. - molto
riten.
Largamente
con grandissima espansione.
Le - an - dro mi - o! Le - an - dro! Le-
Le - an - der. My own Le - an - der! Le-
(LEANDRO balza dal verone in scena, ed è già fra le braccia di ERO.)
(LEANDER leaps from the window into HERO'S arms.)
E - ro!
He - ro!
Largamente
con grandissime espansione.
cresc. - molto e riten. molto rit.
ff
- an - dro! (lungo amplesso.)
- an - der! (a long embrace.)

dim.
rit.
Lento.
espressivo
pp espressivo
LEANDRO.
LEANDER.
con molta espressione.
(con slancio, svincolandosi dalle braccia di ERO.)
(passionately, disengaging himself from HERO'S arms.)
Vol -
Face
Allegro vivace.

-to sof-fu-so d'e-sta-si Fa - - -
that with joy is glow - ing, Ha - - -
-ro di mie pro-cel - le! Ho
-ven in storm and tem - pest, Light
l'al-ma fra le stel-le, Pian go di
on my hopes be - stow-ing, Star on my
vo - lut - tà! Si, dai be-a-ti rai, pian -
soul to shine! Yes, from ex - cess of glad -
pp
p

- - go, chè sen - za la - - - gri - me
- - ness Tears fall, for ne'er may mor - tal
pp e riten.
l'uom non con tem - pla mai la ce - le -
Gaze, with - out wist - ful sad - ness, On beau - ty
dim. e riten.
pp
ERO. Poco più mosso e agitato.
HERO. dolce espressivo con semplicità
O de - i -
O god - like
- stial bel - tà!
fair as thine
Poco più mosso e agitato.
pp
- for - - me! o - lim - pi - co bel - lo sic - co - me un
pre - - sence! O form as fair As are the de - i - ties

Nu - me m'ap - - - pa - ri e
a - bove, Thou com - - est, with -
t'ar - de il lu - me del ge - - nio e del - l'a -
- in thee burn - ing, The flame of ge - nius and
- mor. Pen - de la dol - ce spo - sa
love. E - - ver my soul en - rap - tur'd
di tue pa - ro - - le al bal - sa - mo,
Hangs on thy words to me so dear;

e se il tuo lab - bro po - sa
And if thy lips are si - lent,

pp e poco riten.

o - de il si - len - zio an -
I still that si - lence

poco riten.
col canto

- cor.
hear.

a tempo
pp
ppp e poco riten

ERO.
HERO.

LEANDRO.
LEANDER.
Av - vin - ti co - me ge - mi - ne co - lon - ne do - ri - en - si
Like twin-shaped co-lumns we are bound So firm - ly, dear, to - ge - ther

Av - vin - ti co - me ge - mi - ne co - lon - ne do - ri - en - si
Like twin-shaped co-lumns we are bound So firm - ly, dear, to - ge - ther

cin - ti dai lac - ciim - men - si d'un
By bonds that none may se - ver, By

cin - ti dai lac - ciim - men - si d'un
By bonds that none may se - ver, By

più riten.

fas - ci - no im - mor - tal,
love's im - mor - tal sway.

fas - ci - no im - mor - tal,
love's im - mor - tal sway.

ancora più riten. pppp

Lento.

vie - ni, in - ser - tiam le pal - me,
Come, love, with hands u - ni - ted,

vien in - ser - tiam le
Come, love with hands u -

Lento.

ppp

vien con-fon-dia-moi pal - - pi - ti, vien con-giun-
Come, soul to soul con - joined for aye. Come, let our
pal - me, vien con-fon-dia-moi pal - - pi-
- ni - ted, Come, soul to soul con - joined for
dim.
gia - mo l'al - - me nel - l'au-ra si - de -
troth be pligh - - ted 'Neath hea-ven's star - ry
- ti, vien con-giun-gia - mo l'al - me
aye. Come, let our troth be pligh - ted
dim.
- ral.
way.
dim.
Nel - l'au-ra si - de - ral.
'Neath hea-ven's star - ry way.
pp

ERO.
HERO.
pp
Vie - ni al gia - ci - glio e la stan - chez - za mol - ci che
Come, then to the couch, love, and rest thy limbs so wea - ry For
t'oc - cu - pa le mem - bra. Il mol - le crin tias - ter - ge - rò col -
all thy brave en - dea - vour. Thy tan - gled tres - ses I'll soft - ly smooth with
dim.
poco rit.
- le ca - rez - ze mi - e.
sweet and fond ca - res - ses.
LEANDRO.
LEANDER.
O spo - sa! o spo - sa!
My dar - ling! Be - lov - ed!
poco rit.
a piacere

Lo stesso movimento.
tranquillo e dolce
Co - me l'on - de az - zur - re con - fon - don per amor da - van - ti ad
As the a - zure wa - ters For ve - ry love com - min - gle be - fore
Lo stesso movimento.
pp
Il - lio Si - mo - èn - ta e Sca - man - dro, e tu con - fon - di
Il - ion Si - mo - ïs and Sca - man - der, so we com - min - gle
pp e riten.
ppp
pp e più riten.
il tuo spi - ro col mi - o Le - an -
Our sighs to - ge - ther Le - an -
pp
LEANDRO.
LEANDER.
a piacere
E - - ro!
He - - ro!

- dro! l'o - ra pas - sa.
- der! Time is fleet - ing.

tin - gan - ni al - le a - mo - ro - se vi -
'Tis false, dear; When lo - vers keep their

dolce

ppp a tempo

- gi - lle nor - ma non im - po - ne il tem - po,
vi - gil Time doth im - pose no li - mit

dolcissimo.

eun so - lo ba - cio èun O - lim - pia - de in te -
And one brief kiss, love, is an en - tire O - lym -

ERO.
ERO.

Se t'a - mo? e tu? m'a - mi?
If I love thee? And thou, dost love me

- ra. m'a - mi? tà -
- piad. Thou lov't me? I a -

cresc. _cresc. sempre e animando_

-do - ro. _____
-dore   thee. _____

a tempo   *dolcissimo e legatissmo*

dolcissimo

ppp

rit.   *ppp a tempo*   *riten.*

ERO.
HERO.   *dolcissimo, languido*

Mo - rir   vor - re ____ i fra le tue
I fain   would die ____ in thine em -

ppp a tempo

ppp
brac - cia, co-me la ca-den - za d'un
bra - ces, like The dy - ing ca - dence of a
ten.
ar - - pa Ah! dol-ce co-sa sa-ria la
harp, love Ah! sweet were death if thus it
pp
mor - te.
found me. LEANDRO. (sorgendo)
LEANDER. (rising)
a piacere
Poco più mosso.
Tu mo-rir? fug-gi - re fug-gir piut-to - sto.
What! to die! To fly, love, To fly to - ge - ther.
Poco più mosso.
riten.
p
A - scol-ta, as-sai fi - dam-mo nel not-tur-no mi -
Now list-en. Too much we've trust-ed To the dark-ness of
dim.
pp

-ster,... il tuo pe - ri-glio, don-na pa - ven - to.___ A
night... Thy constant dan-ger, Maiden, af- frights me.___ We'll

cresc.

Ancora più mosso e agitato.
agitato ed espressivo

più se - cu - ro por - to, a più se - re - na
find a bliss - ful ha - ven A shore more glad and

pp

piag - gia, a più tran-quil - la so - li -
gold - en. realm fair and tran - quil For

-tu - di-ne an-diam. In mar do - t-
sol - -i-tude and rest. At dawn to -

-ma - ni por - te - rò u - na bar-chet - ta e
-mor - row, I will loose my fleet - est shal - lop and
sal - pe - re - mo per i - gno - to o - riz -
we will drift, love, To some far - off ho -
-zon - te, in - na - mo - ra - ti
-ri - zon, as on - ly lov - ers
poco riten.
na - vi - ga - to - ri col - le ve - le al ven - to
Can roam and wan - der, with fair winds to guide them.
dim.
molto dim. e poco riten.

pp cresc.
molto espress.
a tempo
dim. e riten.
ppp
Lento sostenuto.
ERO.
HERO.
dolce espressivo
An - drem so-vra i flut - ti pro - fon - - di in
A - far o'er the waves of the o - - cean Where
LEANDRO.
LEANDER.
dolce.
An - drem so-vra i flut - ti pro -
A - far o'er the waves of the
Lento sostenuto.
pp
trac - cia dei ce - ru - li mon - - - di so - gna - ti dal
ze - phyrs a - wake in - to mo - - - tion, A bow - er of
- fon - di in trac - cia dei ce - ru - li mon - di
o - cean Where ze - phyrs a - wake in - to mo - tion,

no - stro pen - sie - - - - ro: in trac - - cia d'un ro - ri - do
bliss we shall find. Where al - - ways the sun - la - den
so - gna - ti dal no - stro pen - sier: in
A bow - er of bliss we shall find. Where
cresc. e animando poco a poco
ni - - do, in trac - cia d'un flo - ri - do li -
hours Smile on - ly on joy-breath-ing flow -
animando e cresc.
trac - cia d'un ro - ri - do ni - do, in tra - cia d'un
al - ways the sun - la - den hours Smile on - ly on
cresc. e animando poco a poco
riten.
- do i - gno - to a mor - ta - le noc - chier
- ers, To charm and to gladden the mind.
riten.
allargando
flo - ri - do li - do i - gno - to a mor - ta - le noc -
joy-breath-ing flow-ers To charm and to glad - den the
riten.
ff allargando col canto

An - drem___ do-ve nas-ce l'au -
There al - ways our lips will here -

-chier.
mind.

Andrem do-ve nas-ce l'au-
Al-ways our lips will here-

-ro - ra, an - drem___ do-ve il ma-re s'in-
-af - ter___ Thrill on - ly to kis-ses and

-ro - ra, an-drem do-ve il ma - re s'in-do-ra
-af-ter Thrill on - ly to kis - ses and laughter,

-do - ra do-ve il ma - - re s'in-do - ra dei va - - ghi ri-
laughter, to kis - ses and to laugh - ter, 'Mid ra - - diance of

dei va - - ghi ri - fles - si del sol,___ dei
'Mid ra - - diance of ma - gi-cal gleams, 'mid

-fles - si del sol,
ma - gi - cal gleams.
dim.
va - ghi ri - fles - si del sol,
ra - diance of ma - gi - cal gleams.
dolcissimo e legatissimo
ppp
pp ritenuto quasi a piacere
coi ba - ci sul la - bro,
By sor - row for - sa - ken,
pp
coi ba - ci sul la - bro,
By sor - row for - sa - ken,
ppp a tempo
ppp più riten.
col ri - so nel co - re,
for e - ver We'll dwell, love,
ppp
col ri - so nel co - re,
for e - ver We'll dwell, love,
molto rit.

Poco più lento.
col - l'e - - sta-si in vi - - so, av -
where bright - ly a - wa - - ken The
col-l'e - sta-si in vi - - so,
where bright-ly a - wa - - ken
Poco più lento.
espressivo
pp
- vin - ti in un pla - ci - do vol,
dawn of de - light and of dreams,
av - vin - ti in un pla - ci - do
The dawn of de - light and
ppp e molto riten.
morendo
av-vin-ti in un pla - ci - do vol.
the dawn of de - light and of dreams.
ppp
vol,
dreams,
av-vin-ti in un pla - ci-do vol.
the dawn of de - light and of dreams.
molto riten.
ppp
a tempo morendo

Presto con fuoco.

(Scoppia un fulmine. Per un istante LEANDRO ed E-
RO scossi dall'estasi rimangono muti di sorpresa e d'orrore. Lampeggia, tuona, l'uragano si fa spaventoso.)

*(A burst of thunder. For a moment HERO and LEANDER
roused from their ecstasy are dumb with surprise and terror. It
lightens, it thunders, the storm becomes still more violent.)*

Fl. Ob. Clar.

Presto con fuoco.

ff impetuoso

LEANDRO.
LEANDER.

Un u-ra-
Loud-ly it

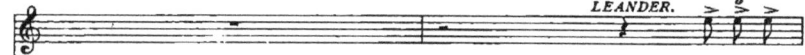

ERO.
HERO.

-ga - no!
thun - ders!

Pre-ci-
'Tis the

ff

10260

-pi - - - zio! Mor - - - te!
whirl - - - wind fa - - - tal!
ff
E - gì - o - co
O Zeus! king of
Gio - - - ve a - du - na - tor de'
hea - - - ven, ru - ler of storm and

nem - - bi, Fol - go - ran - - te! Tuo -
tem - - - pest, Lord of light - - ning and
- nan - - te! a - i - ta! a - i - ta!
thun - - - der! Oh, help me! Oh, help me!
Siam per - du - - ti!
All is o - - - ver!

Le-an-dro, ah! mi sor - reg - gi.
Le - an-der. Ah! love, sus - tain me.

Poco meno mosso.
sempre agitato.

Dar lo squil-lo do - vre-i del - le tem - pes - - te con
'Tis my sa - cred du-ty to sound the warn - - ing Of

quel - la tu - ba al mar_____ per e - vo - ca - re i sa - cer
this a-larm - ing storm_____ and all the ho - ly Priests to

- do-ti ed A - rio - far - ne al ri - to del - la scon -
summon with A - rio - phar - nes to ut - ter The in - vo -

agitatissimo quasi parlando
-giu-ra qui do-ve noi sia-mo, m'in-ten-di tu? do-ve noi
-ca-tion, here, where we now are, love. Dost understand? this ve-ry
siam nè fu-ga nè sal-vez-za o-ra-ma-i, nè nascon-
spot, no flight, No safety henceforth, and no con-
-di-glio hav-vi per te.
-ceal-ment Are left to thee.
LEANDRO. (risoluto.)
LEANDER. (resolutely.)
Tu dà fia-to al-la
Sound then forth-with the
trom - - - ba, io mi get-to nel
trum - - - pet, I will trust to the

(lo conduce con tragica veemenza al verone.)
(drags him hurriedly to the window.)

Ah! fol - le gua-ta! gia i fiot - ti im-
'Tis mad-ness! be-ware, For the waves re-

mar. _____
sea. _____

-ma - ni fla - gel-lan la tor-re!
-lent-less are lash-ing the tow-er!

(La bufera diventa sempre più terribile, scoppiano i
(The storm becomes more terrific, flashes of lightning

fulmini e solcano il tratto di cielo che si vede dal verone. Le figure dei due amanti sono ad ogni momento illuminate da vivissimi lampi.)
dart across the sky. The lovers are at every moment revealed by the vivid lightning.)

LEANDRO.
LEANDER.

E - ro mia - no non non tre - ma re ti pro-ster - na al sa-cro or-
He - ro mine, nay do not trem - ble, Raise thy prayer to the gods a-

-ror_____ ve-di è il ciel che strin-ge il mare nel de -
-bove._____ 'Tis the sky that holds the o-cean In a

(colta da una reminiscenza fatale.)
(suddenly remembering the fetal vision.)

ERO.
HERO.

Lo stesso movimento.

declamato

Spa - ven - to tur - bi-na-no scon-vol - te
Oh, hor - ror! waves all a-round Are wild-ly

-li - rio del-l'a-mor.
wild embrace of love.

Lo stesso movimento.

l'on - - de crol-lan ri-gur - - gi-ta-no al-te e pro-
whirl - - ing, Crash-ing so high and profound, Foam upwards

-fon - - - - de, e sul-l'e-quo-re-a ter-ri-bil
hurl - - - - ing, And o'er the surg-ing_ rush of the
ten.
i - ra piom-ba la di-ra fu-ria del
o - cean, Rage loud com-mo-tion, Thun-der and
tuon.
wrath.
ff
Lo stesso movimento.
LEANDRO.
LEANDER.
Vie - ni e in mez-zo al-la ru-
Come, love, a - mid this dread - ful

p
-i - -na for-tu-nal chehail mar tra-vol- -to
tem- -pest That up-heaves the rag- -ing o- -cean,
be-a-mi an-co-ra E-ro di-vi- -na
With thy smile, di-vine and ra- -diant,
col ful-gor del tuo bel vol-to, men-treil
Sanc-ti-fy my soul's de-vo-tion, Whilst loud
tuon ri-pe-teal tuo-no il ti-ta- -ni-co ri-
thun-der an-swers thun-der In ti-tan- -ic voice a-

-chia-mo, sul tuo cuo-re io m'ab-ban-do-no e ri-
-bove thee. On thy heart, love, let me lin-ger, Still re-
-pe-to io t'a-
-peat-ing, I love
ERO.
HERO.
Io t'a-mo!
I love thee!
-mo!
thee!

(S'ode da sotto il palcoscenico la fanfara d'ARIOFARNE, indi mano mano che la scena incalza s'udrà il se -
guente coro salire e avvicinarsi.)
*(The fanfare of ARIOPHARNES sounds from beneath the stage and as the scene proceeds the following chorus is
heard as it gradually approaches up the steps of the tower.)*

P

-ne
-pets.
Sì, sì,
Yes, yes,
Nul-la as-col - to.
I hear no - thing.
CORO INTERNO.
CHORUS WITHIN.
Baritoni.
Co - spar-
Come and
Bassi.
Co - spar-
Come and
dim.
lo squil-lo io l'o - do frai ful - - mi-ni
the trum-pet I hear it through thun - - der
gia - - mo di ma-gi-co far - ro l'on - dai -
sprin - - kle the ma-gi-cal grain O'er the
gia - - mo di ma-gi-co far - ro l'on - dai -
sprin - - kle the ma-gi-cal grain O'er the

frai ven - - - - ti   io non m'in -
and storm - - - winds.   *Too well I*

-ra - - - - ta del tur - gi - do mar
waves of the tur - bu - lent tide,

-ra - - - ta del tur - gi - do mar
waves of the tur - bu - lent tide,

-gan - no   È A - rio -
know it.   *'Tis A - rio -*

LEANDRO.
LEANDER.

È la bu - fe - ra
It is the tem - pest.

e sia fre - no sia di - ga sia sbar - ro che ti
Then the an - ger of Neptune shall wane And

e sia fre - no sia di - ga sia sbar - ro che ti
Then the an - ger of Neptune shall wane And

-far - ne,
-phar - nes.

È
'tis

A - rio - far - ne.
A - rio - phar - nes.

Mi
Re -

pos - sa o Net - tu - no pla - car.____
calm o'er the deep shall a - bide.____

pos - sa o Net - tu - no pla - car.____
calm o'er the deep shall a - bide.____

(ERO al colmo dello spavento.)
(HERO in the utmost terror.)

Ha l'u - ra - ga - no se - te di san - gue.
Nay, for the tem - pest calls for a vic - tim.

(balza in piedi per andare al verone.)
(springs to his feet to go to the window.)

la - scia.
-lease me!

(la fanfara sempre più vicina.)
(the fanfare sounds nearer.)

(aggrappandosi al collo di Leandro.)
(clinging to Leander.)
Res-ta!
Stay love!
(tenta svincolarsi.)
(endeavouring to disengage himself.)
Io vo sal - var - ti già s'av-vi -
No, I will save thee Al - rea - dy
-ci - na - no le tar - ta - ree trom - be.
swift - ly near - er come the trum - pets.
Pie - tà! Pie -
Stay, love! Oh,
- tà!
stay!
Pie - tà!
Hear me!
(con affettuosa violenza si scioglie.)
(gently releasing himself.)
For - se do -
Perchance to -
pp

Le -
Le -
-ma - ni fug-gi - re-mo al se - ren Ad - di - o
-mor - row we will fly far a - way Fare - well, love!
- an - dro deh non pe - rir ti sal-va ti
- an - der ah! do not die. Ah! fly, love! Ah!
ad-di - o,
Farewell, love,
cresc.
sal - va.
fly love!
(con un piede sul verone.)
(with one foot on the window-ledge.)
ad - di - o l'a - mo - re è
Fare-well, love! Oh! love is
ff a piacere

(Spicca il salto. Scoppia un ful-
mine.)
(*LEANDER leaps from the window.
A burst of thunder.*)

for - te   più   del - la   mor - - - te.
strong - er,   Strong - er   than   death!

ff

(ERO balza da terra con impeto corre alla face per portarla al verone, ma già apparisce alla rampa
(*HERO rushes to take the torch to the window but at this moment ARIOPHARNES appears. The fanfare, the fire-*

FPP   *cresc.*   *a*

ARIOFARNE. Lo segue la fanfara. Pirofori, sacerdoti colle are, colle torci. La face d'ERO le cade dalle
bearers and the priests with the altars and torches follow him. HERO'S torch falls from her hand and lies smoul -

poco   *rit.*

mani e rimane a terra spenta e fumante.)
dering on the ground.)

ff

232

(Questa scongiura sarà cantata dal coro rivolto verso il verone e prostrato. mentre ARIOFARNE sparge il farro rul mare. L'uragano è sempre violento. Ma non lampeggia. ERO immobile.)
(This prayer is sung by the chorus as they turn to the window and kneel, whilst ARIOPHARNES sprinkles the grain on the sea. The storm is still violent, but the lightning ceases. HERO stands motionless.)

ARIOFARNE.
ARIOPHARNES.

Co - spar - gia - - - - mo di ma-gi-co
Come and sprin - - - - kle the ma-gi-cal

Baritoni.

Co - spar - gia - - - - mo di ma-gi-co
Come and sprin - - - - kle the ma-gi-cal

Bassi.

Co - spar - gia - - - - mo di ma-gi-co
Come and sprin - - - - kle the ma-gi-cal

Flauti, Obci, Clarini.

fa - ro_____ L'on-da i - ra -
*grain*_____ *O'er the waves*_____

fa - ro_____ L'on-da i - ra -
*grain*_____ *O'er the waves*_____

fa - ro_____ L'on-da i - ra -
*grain*_____ *O'er the waves*_____

- ta del tur-gi-do mar_____ E sia
*of the tur-bu-lent tide,*_____ *Then the*

- ta del tur-gi-do mar_____ E sia
*of the tur-bu-lent tide,*_____ *Then the*

- ta del tur-gi-do mar_____ E sia
*of the tur-bu-lent tide,*_____ *Then the*

cresc.

234

fre-no sia di-ga sia sbar-ro che ti pos-sa Net-tu-no pla - car.____
*anger of Neptune shall wane And calm o'er the deep shall a - bide.*____

fre-no sia di-ga sia sbar-ro che ti pos-sa Net-tu-no pla - car.____
*anger of Neptune shall wane And calm o'er the deep shall a - bide.*____

fre-no sia di-ga sia sbar-ro che ti pos-sa Net-tu-no pla - car.____
*anger of Neptune shall wane And calm o'er the deep shall a - bide.*____

cresc. molto

(ERO con uno slancio interno dell' anima.)
(*HERO with exultant hope.*)

Ah! for-se e un im-mor - ta - le!____
*Ah! can he be im - mor-tal!*____

dim.

10260

ARIOFARNE (fissandola tenacemente.)
ARIOPHARNES (fixing his eyes on her.)
quasi a piacere
E - ro, la trom - ba non u - di - i ri - suo -
He - ro, the trum - pet Where - fore didst thou ne - ver
Meno mosso.
- nar del - le tem - pes - te e per - chè non l'u -
sound when broke the tem - pest? Why heard we not the
- di - i? sa che fa - ta - le tal col - pa es - ser po -
sig - nal? Know - est thou what fa - tal crime is this o -
(ironico.)
(ironically.)
- tri - a o gio - va - net - ta e - splo - ra - tri - ce nei so - gni smar -
- mis - sion? O fair ex - plor - er in the maze and won - der - ment of
ppp

-ri - ta nul-la ris - pon - di?
dream - land, Thou dost not an - swer?
Quel - la fa - ce a ter - ra per -
Why has fall - en that torch on the
- chè?
ground?
Perchè tre-pi-da tan - - to for-se
Why so pale and why trem - - ble? Per -
che pa-ven-ti del tuon?
- chance the thunder dost fear?
a piacere
Per-chè al ve -
Why with such

-ro - ne guiz-za il tuo sguar - do?
an - guish gaze o'er the wa - ters?
ff
piano e legato
p
ten.
e que-sto fio-re al suo - lo? qual tòr-to-re fe -
And this fall - en flow - er? What faith-ful dove has
pp dopo la parola
- de - le t'ha por - ta-to su que-sta tor-re o - vei Le-an-dri in-
brought thee on this rock so bare and bar-ren, where o - le - an-ders
dolce e riten.
a piacere
- dar - no vor - reb - be-ro al - li - gnar? ris - pon - di!
vain - ly would strive to bloom? An - swer me!

ERO. (fra sè, guardando il verone da dove s'è gettato LEANDRO.)
HERO. (*aside, looking at the window from which LEANDER had leaped.*)

dolcissimo.

Gio - - ve un ba - le - no m'in - vi - a che m'as - se -
. Grant me, O migh - ty Zeus, a to - ken that shall as -

ppp

poco riten.

- cu - ri ch'e - gli è sal - - vo.
- sure me of his safe - - ty.

ARIOFARNE.
ARIOPHARNES.

Nel bu - io tu sog -
Why gaze in - to the

(l'afferra e la conduce più presso al verone.)
(*seizes her by the arm and leads her close to the window.*)

- guar - di: sta ben, fan - ciul - la, l'e - splo - riam in - sie - me. __
dark - ness? 'Tis well, sweet maid - en, let us both ex - plore it. __

fp

ERO (fra sè)
HERO (aside)

(terribilmente)
(*fiercely*)

Un lam - po!
The to - ken!

— Per-chè tre-mi in mia man, Ver - gi - ne?
— Wherefore start et my touch? Vir - gin fair?

cresc.

Scoppia il fulmine, il muro del fondo dirocca: attraverso quello squarcio si vede il mare e, sopra uno sco-glio, il cadavere sanguinante di LEANDRO.

(*A thunderbolt. The wall at the back is rent asunder and through the gap is seen the sea, and on a rock the dead body of LEANDER.*)

ERO.
HERO.

(con un grido)
(*with a cry of anguish*)

(cade)
(*falls*)

Ah!
Ah!

ARIOFARNE.
ARIOPHARNES.

Ec - co - lo___ mor - to so-vra il du-ro sco-glio ca-
There be - hold him! Life - less on the cru-el rocks lies thy

mf

10280

(s'avvicina ad ERO, la tocca)
(goes close to HERO, touches her)

-da - ve - re per-cos-so e san gui - nan - te. Ell' è sve - nu - ta.
wave - toss'd and mu - ti - la - ted lov - er.___ She has faint - ed.

allargando

Ah! un ful - mi - ne mi col - ga!___ ven - di - ca - to non
'Tis a thun - der - bolt that strikes me!___ I re - main un - a -

cresc. *cresc.*

ten.

son È sal - va! È mor - - ta!___
- veng'd, She tri - umphs! Death saves her!___

col canto

Lento.
(Il coro si prostra)
(The chorus kneel)

Soprani I° e II°
pp

Be - a - ti
Oh, joy - ful

Contralti I° e II°
pp

Be - a - ti
Oh, joy - ful

(ARIOFARNE si china sulla salma di ERO.)
(ARIOPHARNES bends low over HERO'S body)

CORO INTERNO.
CHORUS WITHIN.

Lento.
pp

10260

poco riten.
a tempo
spir-ti sian vo-stro ta-la-mo Sian
lov-ers! Their troth-plight e-ver-more Now
poco riten.
a tempo
spir-ti sian vo-stro ta-la-mo Sian
lov-ers! Their troth-plight e-ver-more Now
poco riten.
a tempo
poco riten.
vo-stro ni-do le ar-gen-te-e sir-ti.
fond-ly keep-ing 'Mid peace-ful sleeping.
poco riten.
vo-stro ni-do le ar-gen-te-e sir-ti.
fond-ly keep-ing 'Mid peace-ful sleeping.
pp
E al pio noc-chie-ro Sia sa-cro il li-do
To mor-tals e-ver The shore be sa-cred,
pp
E al pio noc-chie-ro Sia sa-cro il li-do
To mor-tals e-ver The shore be sa-cred,

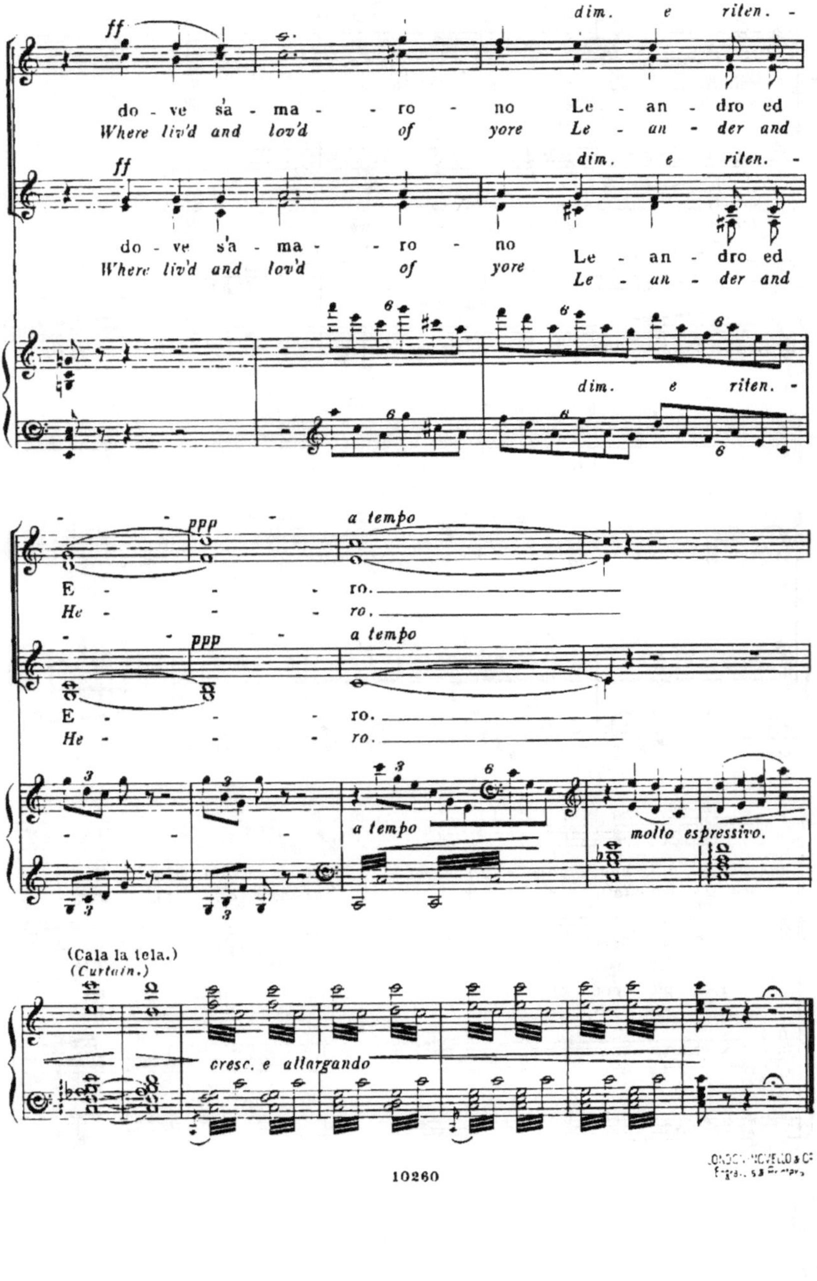

LONDON: NOVELLO & Co
Engravers & Printers

www.ingramcontent.com/pod-product-compliance
Lightning Source LLC
Chambersburg PA
CBHW020510270326
41926CB00008B/821